CONTEÚDO DIGITAL PARA ALUNOS
Cadastre-se e transforme seus estudos em uma experiência única de aprendizado:

1

Entre na página de cadastro:
https://sistemas.editoradobrasil.com.br/cadastro

2

Além dos seus dados pessoais e dos dados de sua escola, adicione ao cadastro o código do aluno, que garantirá a exclusividade do seu ingresso à plataforma.

2591783A1181702

3

Depois, acesse: https://leb.editoradobrasil.com.br/
e navegue pelos conteúdos digitais de sua coleção :D

Lembre-se de que esse código, pessoal e intransferível, é válido por um ano. Guarde-o com cuidado, pois é a única maneira de você acessar os conteúdos da plataforma.

CB035709

Editora do Brasil

ASSIM EU APRENDO
Gramática

ORGANIZADORA: EDITORA DO BRASIL

4

Ensino Fundamental

5ª edição
São Paulo, 2022

Editora do Brasil

Dados Internacionais de Catalogação na Publicação (CIP)
(Câmara Brasileira do Livro, SP, Brasil)

Assim eu aprendo gramática 4 / organizadora Editora do Brasil. -- 5. ed. -- São Paulo : Editora do Brasil, 2022. -- (Assim eu aprendo)

ISBN 978-85-10-09358-3 (aluno)
ISBN 978-85-10-09359-0 (professor)

1. Língua portuguesa - Gramática (Ensino fundamental) I. Série.

22-114812   CDD-372.61

Índices para catálogo sistemático:
1. Língua portuguesa : Gramática : Ensino fundamental 372.61

Cibele Maria Dias - Bibliotecária - CRB-8/9427

abdr
ASSOCIAÇÃO BRASILEIRA DOS DIREITOS REPROGRÁFICOS
Respeite o direito autoral

5ª edição / 2ª impressão, 2023
Impresso na HRosa Gráfica e Editora

Editora do Brasil

Rua Conselheiro Nébias, 887
São Paulo, SP – CEP 01203-001
Fone: +55 11 3226-0211
www.editoradobrasil.com.br

© Editora do Brasil S.A., 2022
Todos os direitos reservados

Direção-geral: Vicente Tortamano Avanso

Direção editorial: Felipe Ramos Poletti
Gerência editorial: Erika Caldin
Supervisão de artes: Andrea Melo
Supervisão de editoração eletrônica: Abdonildo José de Lima Santos
Supervisão de revisão: Elaine Cristina da Silva
Supervisão de iconografia: Léo Burgos
Supervisão de digital: Priscila Hernandez
Supervisão de controle de processos editoriais: Roseli Said
Supervisão de direitos autorais: Marilisa Bertolone Mendes

Supervisão editorial: Diego da Mata
Edição: Claudia Padovani e Natalie Magarian
Assistência editorial: Gabriel Madeira Fernandes, Márcia Pessoa e Olivia Yumi Duarte
Revisão: Andréia Andrade, Bianca Oliveira, Fernanda Sanchez, Gabriel Ornelas, Giovana Sanches, Jonathan Busato, Júlia Castello, Luiza Luchini, Maisa Akazawa, Mariana Paixão, Martin Gonçalves, Rita Costa, Rosani Andreani e Sandra Fernandes
Pesquisa iconográfica: Enio Lopes
Editora de arte: Josiane Batista
Design gráfico: Patrícia Lino
Capa: Andrea Melo e Patrícia Lino
Imagem de capa: Sandra Serra
Ilustrações: Bruna Ishihara, Camila de Godoy, Claudia Marianno, DAE (Departamento de Arte e Editoração), Danillo Souza, Estúdio Mil, Henrique Brum, Marcos Guilherme, Paula Kranz e Zeni Santos
Editoração eletrônica: NPublic / Formato Comunicação
Licenciamentos de textos: Cinthya Utiyama, Jennifer Xavier, Paula Harue Tozaki e Renata Garbellini
Controle de processos editoriais: Bruna Alves, Carlos Nunes, Rita Poliane, Terezinha de Fátima Oliveira e Valéria Alves

APRESENTAÇÃO

Caro aluno,

Esta coleção de gramática foi elaborada para os cinco primeiros anos do Ensino Fundamental com base em nossa experiência em sala de aula, no dia a dia com as crianças.

Ela foi pensada para você, com o objetivo de conduzi-lo a uma aprendizagem simples e motivada.

A gramática é um importante instrumento de comunicação em diversas esferas. Portanto, estudá-la é indispensável para a comunicação eficaz.

O domínio da gramática ocorre principalmente por meio da prática contínua. Por isso, apresentamos uma série de atividades variadas e interessantes. O conteúdo está organizado de tal modo que temos certeza de que seu professor ficará à vontade para aprofundar, de acordo com o critério dele, os itens que julgar merecedores de maior atenção conforme a receptividade da turma.

Acreditamos, assim, que esta coleção tornará o estudo da gramática bem agradável e útil tanto para você quanto para o professor.

Os organizadores

SUMÁRIO

Capítulo 1
Gramática 9
　Letras e fonemas – vogais e consoantes 9
Atividades 10
Ortografia 14
　Palavras com **h** ou **H** 14

Capítulo 2
Gramática 15
　Sílaba 15
Atividades 16
Ortografia 18
　Palavras com **r** ou **rr** 18

Capítulo 3
Gramática 20
　Encontros vocálicos 20
Atividades 21
Ortografia 25
　Palavras com **m** antes de **b** e **p** 25

Capítulo 4
Gramática 28
　Encontro consonantal 28
Atividades 29
Ortografia 31
　Consoantes não acompanhadas de vogal 31

Capítulo 5
Gramática 33
　Dígrafos 33
Atividades 34
Ortografia 36
　Palavras com **sc** ou **sç** 36

Capítulo 6
Gramática 38
　Sílaba tônica 38
Atividades 39
Ortografia 41
　Palavras com **ar**, **er**, **ir**, **or** ou **ur** 41

Capítulo 7
Gramática 43
　Acento agudo e acento circunflexo 43
Atividades 44
Ortografia 46
　Palavras com **al**, **el**, **il**, **ol** ou **ul** 46

Capítulo 8
Gramática 47
　Cedilha 47
Atividades 47
Ortografia 50
　Til 50

Capítulo 9
Gramática 51
　Pontuação 51
Atividades 53
Ortografia 55
　Palavras com **s** representando o som de **z** 55

Capítulo 10
Gramática 57

Vírgula, ponto e vírgula, dois-pontos e reticências 57

Atividades **59**

Ortografia **61**
Palavras com **gua** ou **qua** 61

Capítulo 11
Gramática **63**
Travessão, parênteses e aspas 63

Atividades **64**

Ortografia **66**
Palavras com **g** ou **j** 66

Capítulo 12
Gramática **68**
Tipos de frase 68

Atividades **69**

Ortografia **72**
Palavras com **as**, **es**, **is**, **os** ou **us** 72

Capítulo 13
Gramática **75**
Sinônimos e antônimos 75

Atividades **76**

Ortografia **78**
Palavras com **x** ou **ch** 78

Capítulo 14
Gramática **80**
Substantivos I 80

Atividades **81**

Ortografia **84**
Palavras com **l** ou **u** 84

Capítulo 15
Gramática **86**
Substantivos II 86

Atividades **87**

Ortografia **89**
Palavras com **o**, **ou**, **u** 89

Capítulo 16
Gramática **92**
Substantivos III 92

Atividades **93**

Ortografia **96**
Palavras com **r** brando 96

Capítulo 17
Gramática **99**
Gênero do substantivo 99

Atividades **100**

Ortografia **104**
Palavras com **c** ou **ç** 104

Capítulo 18
Gramática **106**
Número do substantivo 106

Atividades **108**

Ortografia **114**
Palavras com **s** ou **ss** 114

Capítulo 19
Gramática **116**
Grau do substantivo 116

Atividades **118**

Ortografia **124**
Palavras com **lh** ou **li** 124

Capítulo 20
Gramática **126**
Artigo 126

Atividades **127**

Ortografia **131**
Palavras com **az**, **ez**, **iz**, **oz** ou **uz** 131

Capítulo 21
Gramática **135**

Adjetivo 135
Atividades **136**
Ortografia **139**
   Palavras com **ce**, **ci**, **se** ou **si** 139

Capítulo 22

Gramática **142**
   Grau do adjetivo 142
Atividades **143**
Ortografia **146**
   Palavras com **x** representando
   o som de **s** ou **z** 146

Capítulo 23

Gramática **147**
   Numeral 147
Atividades **149**
Ortografia **154**
   Palavras com **x** representando
   o som de **ch** ou **cs** 154

Capítulo 24

Gramática **157**
   Pronome 157
Atividades **158**
Ortografia **161**
   Palavras com **e**, **ei** ou **i** 161

Capítulo 25

Gramática **164**
   Verbo 164
Atividades **166**
Ortografia **170**
   Prefixos **in-/im-** e **des-** para
   formar antônimos 170

Capítulo 26

Gramática **173**
   Conjugações dos verbos 173

Atividades **175**
Ortografia **178**
   Prefixos **anti-**, **mini-** e **semi-** 178

Capítulo 27

Gramática **180**
   Oração: sujeito e predicado 180
Atividades **182**
Ortografia **185**
   Prefixos **super-** e **ultra-** 185

Capítulo 28

Gramática **187**
   Advérbio 187
Atividades **188**
Ortografia **192**
   Sufixo **-mente** 192

Capítulo 29

Gramática **195**
   Preposição 195
Atividades **196**
Ortografia **199**
   Onomatopeias 199

Capítulo 30

Gramática **202**
   Conjunção 202
Atividades **203**
Ortografia **204**
   Abreviaturas 204

Capítulo 31

Gramática **209**
   Interjeição 209
Atividades **210**
Ortografia **213**
   Palavras homógrafas 213

Recordando o que você aprendeu **216**

ASSIM É SEU LIVRO

Gramática
Esta seção apresenta, de forma clara e objetiva, o conteúdo principal estudado no capítulo.

Atividades
Nesta seção, você pratica o que aprendeu em atividades diversificadas e interessantes, preparadas especialmente para esse momento de sua aprendizagem.

Ortografia
Aqui você encontra atividades que o ajudarão no aprendizado da escrita.

Recordando o que você aprendeu
Para lembrar de tudo o que aprendeu durante o ano, nesta seção há novos exercícios para você praticar. Assim, estará preparado para avançar nos estudos.

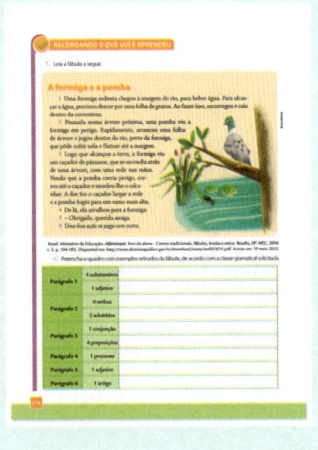

CAPÍTULO 1

GRAMÁTICA

Letras e fonemas – vogais e consoantes

As letras são sinais escritos que representam sons.

> **Alfabeto** é o conjunto de letras que representam os fonemas da nossa língua.

O nosso alfabeto é formado por **26 letras**.

A B C D E F G H I J K L M
N O P Q R S T U V W X Y Z

Quando falamos, usamos **fonemas** para formar as palavras.
O **fonema** é o som e a **letra** é a sua representação gráfica.
Os fonemas podem ser representados por **vogais** e **consoantes**.

Vogais: A E I O U

Consoantes: B C D F G H J K L M N P Q R S T V W X Y Z

O **h** é uma letra muda, pois não representa som, somente aparece na escrita.
Não devemos confundir os fonemas com as letras.
Os fonemas são sons. Eles são falados e escutados.
As letras são sinais escritos que representam os sons (os fonemas).
Observe os exemplos:

maçã – 4 letras e 4 fonemas;
carro – 5 letras e 4 fonemas, pois as letras **rr** representam apenas um som;
queijo – 6 letras e 5 fonemas, pois a letra **u** não representa som nessa palavra.

Quando lemos as palavras em voz alta, conseguimos identificar quais letras são pronunciadas e quais não são. Sempre que o som de uma letra for pronunciado, ele será considerado um fonema.

Letras maiúsculas e minúsculas

As palavras podem ser escritas com letra inicial maiúscula ou minúscula.

Maiúsculas: A B C D E F G H I J K L M N O P Q R S T U V W X Y Z

Minúsculas: a b c d e f g h i j k l m n o p q r s t u v w x y z

As letras maiúsculas são usadas:

- em nomes próprios de pessoas, lugares, animais, corpos celestes, datas oficiais, títulos, monumentos, marcas, logradouros e estabelecimentos comerciais. Exemplos: Amanda, São Paulo, a gata Fifi, Dia do Trabalho;
- em início de frases. Exemplos: As meninas estão alegres. / Vamos almoçar juntos hoje?

ATIVIDADES

1. Escreva o nome de dez colegas de classe seguindo a ordem das letras no alfabeto. Não escolha nomes iniciados com a mesma letra! Observe o exemplo:

Ana Paula	Beatriz	Eduardo	Fabrício	Kelly
Luan	Raquel	Suélen	Thiago	Wesley

_____

_____

_____

_____

2. Preencha os quadros com o número de letras e de fonemas de cada palavra.

	Letras	Fonemas
a) querido		
b) escada		
c) colega		
d) palha		
e) passagem		

	Letras	Fonemas
f) cigarra		
g) elefante		
h) chuva		
i) madrugada		
j) amora		

3. Leia o poema e faça o que se pede.

Os dentes do jacaré

De **manhã** até a **noite**,
jacaré escova os **dentes**,
escova com muito **zelo**
os do meio e os da frente.

– E os dentes de **trás**, jacaré?

De manhã escova os da frente
e de **tarde** os dentes do meio,
quando vai escovar os de trás,
quase morre de **receio**.

– E **os** dentes de trás, jacaré?
[...]

Sergio Capparelli. *Boi da cara preta*. São Paulo: LP&M, 1983.

a) Copie do poema as palavras em destaque em ordem alfabética.

_____
_____
_____
_____

b) Releia os versos abaixo.

> escova com muito **zelo**
> quase morre de **receio**.

• Quais palavras podem substituir os termos destacados nesses versos? Assinale a opção correta.

☐ Preguiça e dúvida.   ☐ Cuidado e medo.   ☐ Carinho e raiva.

• Para verificar se você respondeu corretamente, pesquise em um dicionário o significado das palavras **zelo** e **receio**, buscando a acepção adequada ao contexto do poema.

4. Reescreva as frases empregando corretamente a letra maiúscula.

a) laércio é amigo de karina.

_____

b) titia foi visitar a irmã de júlia no rio de janeiro.

_____

c) paulo comprou uma coleira nova para passear com nina.

_____

_____

5. Leia o trecho, observe as palavras destacadas e pinte-as seguindo a legenda.

A fada que tinha ideias

Clara Luz era uma **fada**, **de seus** dez anos de idade, mais **ou** menos, **que** morava **lá no** céu, com **a senhora** fada sua mãe. Viveriam muito bem se não **fosse uma** coisa: Clara Luz não queria **aprender** a fazer mágicas pelo **Livro** das Fadas. Queria inventar suas próprias mágicas.
[...]

Fernanda Lopes de Almeida. *A fada que tinha ideias*. São Paulo: Ática, 2007. p. 7.

🔵 - Palavra formada por um som (ou seja, um fonema).   🔴 - Palavra formada por três fonemas.

🟣 - Palavra formada por dois fonemas.   🟢 - Palavra formada por quatro fonemas ou mais.

6. Observe as palavras **Luz**, **era**, **que** e **uma** da atividade anterior e assinale a alternativa correta.

☐ Essas palavras são formadas por três letras e três fonemas.

☐ As palavras **Luz**, **era** e **uma** são formadas por três letras e três fonemas.

7. Observe o poema visual a seguir.

Sobre Boa Música

É pela boa música que a poesia embala, que os amores falam e o coração viaja.

Fábio Bahia
@poema.concreto

Fábio Bahia. *Sobre Boa Música*. [*S.l.*]: Medium, 2020. Disponível em: https://medium.com/@fabbiobahiao14/sobre-boa-m%C3%BAsica-ec13d7584c36. Acesso em: 18 abr. 2022.

> O **poema visual** é composto do texto escrito e da imagem formada pelas palavras. Para entender um poema visual, é necessário relacionar o sentido do texto com a imagem formada por ele.

a) Nesse poema, o texto forma uma imagem. Que imagem é essa?

_____

b) Leia em voz alta o texto do poema.

> É pela boa música que a poesia embala, que os amores falam e o coração viaja.

- Qual é a relação entre o assunto do poema e a imagem formada?

_____

_____

c) Assinale abaixo a alternativa que explica o motivo do uso de letra maiúscula em apenas uma palavra do poema.

☐ A palavra iniciada por letra maiúscula é nome de lugar e emprega-se letra maiúscula para nomes próprios de pessoas, lugares e animais.

☐ Utiliza-se letra maiúscula em início de frase.

ORTOGRAFIA

Palavras com h ou H

1. Ordene as sílabas e escreva as palavras.

a) je | ho _____

b) mil | hu | de _____

c) na | He | le _____

d) ta | ha | bi | ção _____

e) tó | ri | a | his _____

2. Encontre no diagrama seis palavras escritas com a letra **h**. Depois, copie-as.

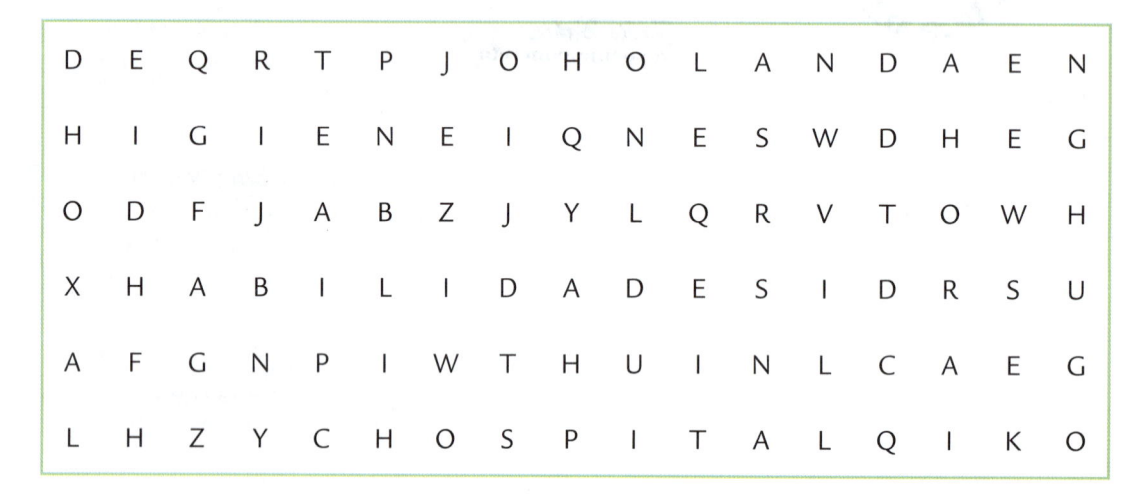

D	E	Q	R	T	P	J	O	H	O	L	A	N	D	A	E	N
H	I	G	I	E	N	E	I	Q	N	E	S	W	D	H	E	G
O	D	F	J	A	B	Z	J	Y	L	Q	R	V	T	O	W	H
X	H	A	B	I	L	I	D	A	D	E	S	I	D	R	S	U
A	F	G	N	P	I	W	T	H	U	I	N	L	C	A	E	G
L	H	Z	Y	C	H	O	S	P	I	T	A	L	Q	I	K	O

_____

3. Leia as palavras abaixo e, depois, escreva outras duas relacionadas a cada uma delas, conforme o modelo.

humano – humanidade, humanitário

a) habitar

_____

b) herói

_____

c) horizonte

_____

CAPÍTULO 2

GRAMÁTICA

Sílaba

Leia o trecho abaixo.

Clementina, a gata

[...] Clementina era uma **gata** de telhado, dessas gatas listradas. Vivia namorando, miando e tendo gatinhos. Mas era mais pra namoradeira, do que pra mamadeira, quer dizer: não cuidava muito bem dos filhotes. Vivia esquecendo de dar de mamar. [...]

Sylvia Orthof. *Os bichos que tive (memórias zoológicas)*. Rio de Janeiro: Salamandra, 1983. p. 31.

Clementina é uma **gata**. Fale em voz alta, bem devagar, essa palavra: **ga-ta**.
Cada parte da palavra pronunciada recebe o nome de **sílaba**.

> **Sílaba** é um som ou grupo de sons pronunciado de uma só vez.

Observe agora estas palavras:

flor	bo-la	ár-vo-re	cho-co-la-te
uma sílaba	duas sílabas	três sílabas	quatro sílabas

Conforme o **número de sílabas**, as palavras são classificadas em:
- **monossílabas**: palavras que têm **uma** só sílaba. Exemplos: mar, Sol;
- **dissílabas**: palavras que têm **duas** sílabas. Exemplos: mesa, lápis;
- **trissílabas**: palavras que têm **três** sílabas. Exemplos: algodão, médico;
- **polissílabas**: palavras que têm **quatro** ou **mais** sílabas. Exemplos: borboleta, paralelepípedo.

ATIVIDADES

1. Siga o modelo.

pedra
pe-dra
dissílaba

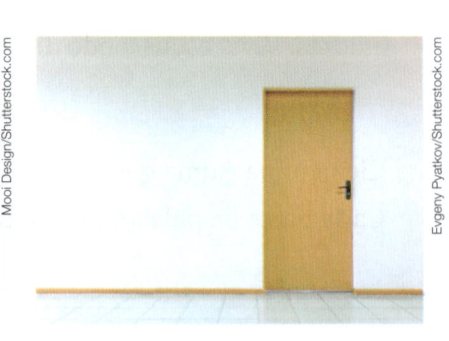

2. Faça a separação silábica e classifique as palavras quanto ao número de sílabas.

a) boneca _____ _____

b) imaginação _____ _____

c) cabide _____ _____

d) garfo _____ _____

e) piada _____ _____

f) pé _____ _____

3. Leia a notícia a seguir.

MORADORES ENCONTRAM ONÇA NO QUINTAL DE CASA EM CONGONHAS

De acordo com os bombeiros, a onça estava atrás de uma caixa-d'água, acuada e bastante agressiva; ela foi capturada

Moradores de uma casa no bairro Santa Mônica, em Congonhas, na região central de Minas, tomaram um susto nesta sexta-feira (2) ao saírem no quintal de casa e encontrarem uma onça. Os bombeiros foram acionados por volta de 5h15 e capturaram o animal.

De acordo com os bombeiros, a onça estava atrás de uma caixa-d'água, acuada e bastante agressiva. Os bombeiros utilizaram equipamentos e técnicas específicas para capturar o animal.

Animal estava com medo e agressivo.

A onça foi levada para uma área de preservação ambiental de Ouro Branco também na região central de Minas, por orientação do Instituto Brasileiro do Meio Ambiente e dos Recursos Naturais Renováveis (Ibama). As queimadas podem ter sido a causa para o animal sair do seu habitat natural e ir para a cidade.

Natália Oliveira. Moradores encontram [...]. *O Tempo*, Belo Horizonte, 2 out. 2020. Disponível em: https://www.otempo.com.br/super-noticia/cidades/moradores-encontram-onca-no-quintal-de-casa-em-congonhas-1.2393829. Acesso em: 18 abr. 2022.

> A **notícia** é um texto que tem como objetivo informar fatos ocorridos recentemente. O **título** vem em destaque e costuma antecipar o assunto que será tratado na notícia. Geralmente, em seguida, há um texto curto, chamado **linha fina**, que fornece mais detalhes ao que foi informado no título.

a) Pelo título é possível descobrir o assunto da notícia? Se sim, descreva-o.

_____

b) Abaixo do título, há um pequeno texto sem ponto final. Esse texto:

☐ somente repete as informações fornecidas no título da notícia.

☐ acrescenta informações ao título.

☐ poderia ser eliminado, pois confunde o leitor.

> As notícias costumam apresentar em alguma parte do texto (em geral, no primeiro parágrafo) um resumo das principais informações, que respondem às perguntas: Quem? O quê? Quando? Onde? Como? Por quê? Esse resumo das principais informações é chamado **lide**.

c) Releia a notícia e escreva as informações solicitadas no quadro abaixo.

O que aconteceu?	
Quem participou do acontecimento?	
Quando aconteceu?	
Onde aconteceu?	
Como aconteceu?	
Por que aconteceu?	

d) Com base no que você aprendeu sobre sílabas, procure na notícia dois exemplos de palavras:

- monossílabas: _____
- trissílabas: _____
- dissílabas: _____
- polissílabas: _____

ORTOGRAFIA

Palavras com r ou rr

As palavras em que o fonema representado pela letra **r** é forte podem ser escritas com **r** ou com **rr**.

> Usamos **r** em início de palavra: **rã**.
> Usamos **r** depois de consoante: **enredo**.
> Usamos **rr** entre duas vogais: **carrapato**.
> Quando separamos as sílabas, o dígrafo **rr** deve ser separado: serrote – ser-ro-te.

1. Separe as sílabas das palavras.

a) barriga _____

b) enrolado _____

c) arrumar _____

d) terreno _____

e) cachorro _____

f) sorriso _____

2. Ordene as sílabas, forme palavras e, depois, separe-as na ordem correta.

a) sa | ri | da _____   _____

b) fa | gar | ra _____   _____

c) ra | guer _____   _____

d) re | dor | ga _____   _____

e) do | ru | í _____   _____

3. Escreva no diagrama o nome dos objetos representados pelas imagens.

CAPÍTULO 3

GRAMÁTICA

Encontros vocálicos

Leia os versos da cantiga e observe a palavra destacada.

Roda, roda, roda!
Pé, pé, pé!
Roda, roda, roda,
Caranguejo **peixe** é!

Cantiga.

A palavra **peixe** é formada por duas sílabas: pei-xe. Na sílaba **pei** há um encontro vocálico: **ei**.

> **Encontro vocálico** é o encontro de dois ou mais sons vocálicos em uma mesma palavra.

Leia as palavras a seguir e observe os encontros vocálicos. Note que uma vogal é pronunciada com mais intensidade do que a outra.

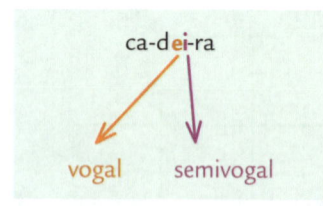

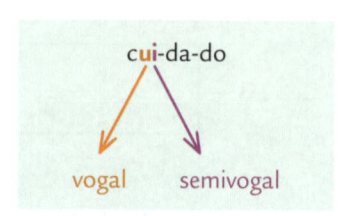

ca-d**ei**-ra
vogal   semivogal

vas-s**ou**-ra
vogal   semivogal

c**ui**-da-do
vogal   semivogal

Semivogal é o nome que se dá às vogais **i** e **u** quando pronunciadas fracamente ao lado de outra vogal, formando uma só sílaba.

Na palavra **meu**, por exemplo, **e** é vogal porque é pronunciada **mais fortemente** do que o **u**, que é semivogal porque é pronunciada **mais fracamente** do que o **e**.

Existem três tipos de encontros vocálicos: **ditongo**, **tritongo** e **hiato**.

> **Ditongo** é o encontro de dois sons vocálicos em uma mesma sílaba.

Exemplos: c**éu**, s**au**-da-de.

Os ditongos podem ser **nasais** e **orais**.

No **ditongo nasal**, o som das vogais sai pela boca e pelo nariz. Eles podem ser formados pela presença de **til** (em vogais **a** e **o**) e **m** ou **n** após a vogal nasalizada. Exemplos: p**ão**, bal**õe**s, ont**em**.

No **ditongo oral**, o som sai somente pela boca. Exemplos: á**gua**, b**ei**jo, r**ou**pa.

> **Tritongo** é o encontro de três sons vocálicos em uma mesma sílaba.

Exemplo: sag**uão**.

Separa-se assim: sa-g**uão**.

Nessa palavra, **u** é **semivogal** e **a** e **o** são vogais.

> **Hiato** é o encontro de duas vogais em uma mesma palavra, mas em sílabas diferentes.

Exemplos: a-le-gri-**a**, t**e**-**a**-tro.

ATIVIDADES

1. Circule as semivogais das palavras.

a) azeite
b) laranjeira
c) pai
d) dourado
e) rei
f) noite
g) praia
h) ameixa
i) cacau
j) bailarina
k) respeito
l) automóvel
m) brasileiro
n) tesouro
o) troféu

2. Grife os ditongos e circule os tritongos.

a) iguais
b) jeito
c) herói
d) enxaguei
e) Uruguai
f) estouro
g) deixar
h) saguão
i) apaziguou
j) quadrado
k) plateia
l) saudade

3. Observe as imagens e escreva o nome do que cada uma delas representa.

a) _____

b) _____

c) _____

d) _____

e) _____

f) _____

g) _____

h) _____

- Agora, releia as palavras, circule os ditongos e sublinhe os hiatos.

4. Assinale a sequência que apresenta somente nomes próprios formados por hiato.

☐ Fábio, Clariana, Anabela, Henrique.

☐ Eliana, Daniel, Lucas, Luciana.

☐ Daniela, Hélio, Mariana, Raul.

☐ Alícia, Viviane, Heitor, João.

5. Leia as palavras e observe a separação silábica de cada uma delas. Depois, circule os encontros vocálicos e classifique-os.

a) madeira   ma-dei-ra   _____

b) cacheado   ca-che-a-do   _____

c) carvão   car-vão   _____

d) viajar   vi-a-jar   _____

e) mãe   mãe   _____

f) saída   sa-í-da   _____

g) piada   pi-a-da   _____

h) rua   ru-a   _____

i) leite   lei-te   _____

j) luar   lu-ar   _____

k) faixa   fai-xa   _____

6. Escreva **O** para as palavras que apresentam **ditongo oral** e **N** para as palavras que apresentam **ditongo nasal**.

a) macieira ☐   h) irmão ☐

b) limão ☐   i) bebedouro ☐

c) couro ☐   j) fogão ☐

d) cãibra ☐   k) baixo ☐

e) chão ☐   l) chapéu ☐

f) caixa ☐   m) degrau ☐

g) lei ☐   n) corações ☐

7. Leia esta canção do compositor Noel Rosa.

Festa no céu

O leão ia casar
Com sua noiva **leoa**
E São Pedro, pra agradar
Preparou uma festa **boa**
Mandou logo um telegrama
Convidando os bicho macho
Que levasse toda as dama
Que existisse cá por baixo

[...]

E no tar dia marcado
Os bicho tomaram um banho
Foram pro **céu** alinhado

[...]

Zunindo qual uma seta
Veio o **pinguim** do Polo
E o **peixe** de bicicleta
Com o **tamanduá** no colo

[...]

E o gato foi de luva
Para assistir o **casório**
Jacaré de guarda-chuva
E a cobra de **suspensório**.

[...]

Noel Rosa. Festa no céu. *In*: Brasil. *Domínio Público*. Brasília, DF: MEC. Disponível em: http://www.dominiopublico.gov.br/download/texto/me004325.pdf. Acesso em: 18 abr. 2022.

a) Qual é o assunto da canção?

_____
_____

> O português, como toda língua, possui variações de acordo com a idade, a escolaridade, o grupo social, a profissão e a região em que o falante nasceu ou mora. Além disso, a língua também pode variar conforme a situação de comunicação, que exige uma linguagem mais ou menos formal. Essas variações recebem o nome de **variedades linguísticas** e devem ser respeitadas por todos os falantes.

b) Observe os versos a seguir.

> Convidando **os bicho macho**
> Que **levasse toda as dama**

- As palavras e expressões em destaque nos versos acima foram escritas de modo diferente daquele que vemos nos livros e dicionários. Por que o autor escolheu escrevê-las assim?

_____

c) Classifique os encontros vocálicos das palavras destacadas na canção em ditongo e hiato.

_____

ORTOGRAFIA

Palavras com m antes de b e p

> Usamos **m** antes de **b** e **p**.
> Usamos **n** antes das **outras consoantes**.

1. Complete com **m** ou **n**.

a) ba____co

b) pe____te

c) co____putador

d) te____po

e) e____brulho

f) pa____deiro

g) la____terna

h) ca____painha

i) ba____bu

2. Ligue a palavra à letra que a completa e preencha as lacunas corretamente.

a) zu____bido

b) bi____go

c) a____tigo

d) bo____ba

e) li____po

m

n

f) bri____quedo

g) caça____ba

h) e____prego

i) mu____do

j) e____velope

3. Complete as frases com as palavras representadas pelas imagens.

a) Colocarei o _____ para não me sujar.

b) O músico tocou _____ na apresentação da orquestra.

c) Preciso trocar a _____ que queimou.

d) A _____ branca representa a paz.

4. Escreva no diagrama o nome dos objetos e alimentos representados pelas imagens.

5. O trecho do artigo a seguir vai explicar por que os gatos caem sempre de pé. Para conseguir lê-lo, preencha as lacunas das palavras indicadas com **m** ou **n**.

POR QUE O GATO CAI SEMPRE DE PÉ?

Geralme____te isso é e____te____dido como um mistério dos gatos, mas a resposta não é tão co____plicada assim. Podemos dizer que são três fatores que ajudam os gatos caírem se____pre de pé: o labiri____to, uma estrutura no ouvido i____terno respo____sável pelo equilíbrio, o mesmo órgão que o ser humano tem; a visão e a resposta rápida do cérebro para os músculos. Quando o gato está cai____do, o labiri____to já identifica que ele está em uma posição difere____te em relação ao solo. Isso é co____plementado pela visão, que percebe que as coisas estão de po____ta-cabeça. Com esse se____so de equilíbrio mais apurado, o cérebro do gato co____segue perceber tudo isso e o sistema nervoso ce____tral já manda uma resposta rápida para que os músculos co____sigam ficar na posição certa. O curioso é que ele acerta primeiro a cabeça e depois já muda o resto do corpo.

Marcelo Duarte. Por que o gato cai sempre de pé? *Guia dos Curiosos*, [s. l.], 30 abr. 2020. Disponível em: https://www.guiadoscuriosos.com.br/animais/mamiferos/gato/por-que-o-gato-cai-sempre-de-pe/. Acesso em: 18 abr. 2022.

O **artigo de divulgação científica** tem como função transmitir de maneira simples informações sobre determinado tema para um público que não é especialista no assunto. Ele pode ser publicado em revistas, jornais (impressos ou virtuais) e *sites* diversos.

a) O título do artigo é:

_____

b) Esse título é uma pergunta. Sublinhe no texto a resposta a essa pergunta.

c) Qual é a fonte desse artigo? É impressa ou *on-line*?

_____

d) Esse artigo foi direcionado a qual público? Justifique sua resposta.

_____

_____

CAPÍTULO 4

GRAMÁTICA

Encontro consonantal

Leia os versos da cantiga.

Alecrim, alecrim dourado,
que nasceu no campo,
sem ser semeado.
Foi meu amor
quem me disse assim:
"A **flor** do campo é o alecrim".

Cantiga.

Nas palavras destacadas no texto, ocorre o encontro de duas consoantes. Observe:

alecrim → a-le-**cr**im
flor → **fl**or

Nas palavras **alecrim** e **flor** há duas consoantes juntas: **cr** e **fl**. Cada uma das consoantes representa um som diferente.

> Quando duas consoantes estão juntas, ocorre um **encontro consonantal**.

O encontro consonantal pode ocorrer:
- na mesma sílaba (grama → **gr**a-ma; clima → **cl**i-ma);
- em sílabas diferentes (alface → a**l**-**f**a-ce; hortelã → ho**r**-**t**e-lã).

ATENÇÃO

Quando um encontro consonantal tem **l** ou **r** como **segunda consoante**, ele nunca é separado. Exemplos: **bl**o-co; **cr**i-na.

ATIVIDADES

1. Leia as palavras, observe a separação silábica e indique qual é o encontro consonantal.

a) blusa   blu-sa   _____   e) primavera   pri-ma-ve-ra   _____

b) livro   li-vro   _____   f) graça   gra-ça   _____

c) ritmo   rit-mo   _____   g) plano   pla-no   _____

d) pedra   pe-dra   _____   h) garfo   gar-fo   _____

2. As palavras a seguir são formadas por encontro vocálico ou encontro consonantal. Leia-as e escreva **EV** para encontro vocálico e **EC** para encontro consonantal.

a) cremoso _____   e) beijo _____   i) jardim _____

b) abraço _____   f) caderno _____   j) coração _____

c) tia _____   g) saúde _____   k) lareira _____

d) barco _____   h) floresta _____   l) placa _____

3. Circule os encontros consonantais e separe as palavras em sílabas. Depois, pinte os encontros consonantais usando a legenda abaixo.

🔴 encontro na mesma sílaba   🟢 encontro em sílabas diferentes

Ilustrações: DAE

a) gravata _____   e) objeto _____

b) digno _____   f) emprego _____

c) comprido _____   g) admiração _____

d) flanela _____   h) aptidão _____

4. Leia as palavras a seguir e crie outras inserindo a consoante **l** na primeira sílaba. Siga o modelo.

puma - pluma

a) fecha _____   c) coro _____

b) cone _____   d) caro _____

5. Leia as sequências de palavras abaixo e circule aquelas que não pertencem ao grupo. Depois, explique a sua escolha.

a) travesseiro – cobertor – colchão – cama

b) avião – helicóptero – barco – motocicleta

c) apartamento – escola – museu – hospital

_____

_____

6. Releia as palavras da atividade anterior e marque a alternativa **incorreta**.

☐ As palavras **cama** e **museu** apresentam encontro vocálico.

☐ As palavras **travesseiro** e **colchão** apresentam encontro vocálico e encontro consonantal.

☐ As palavras **cobertor**, **helicóptero** e **apartamento** apresentam encontro consonantal em sílabas diferentes.

7. Ligue as palavras formando pares. Observe o exemplo.

a) cavo —————— troco
b) dama —————— cravo
c) gama   preço
d) peço   grato
e) toco   drama
f) gato   grama

8. Leia a tirinha e, depois, faça o que se pede.

Tirinha com Garfield, de Jim Davis, publicada em 2016.

a) Copie as palavras que apresentam encontros consonantais e circule-os.

_____

b) Na fala dos personagens, também há palavras com encontros vocálicos. Circule-os na tirinha e escreva as palavras abaixo.

_____

ORTOGRAFIA

Consoantes não acompanhadas de vogal

Leia as palavras abaixo das imagens e observe as letras destacadas.

cac-to   e-clip-se   sub-ma-ri-no

> Na separação silábica, as consoantes não acompanhadas de vogal devem ficar na sílaba anterior.

1. Junte as sílabas e forme as palavras. Depois, circule as consoantes não acompanhadas de vogal.

a) ap | ti | dão _____   e) dig | ni | da | de _____

b) lac | to | se _____   f) af | ta _____

c) ad | vo | ga | do _____   g) ob | je | to _____

d) suc | ção _____   h) cáp | su | la _____

2. Complete as palavras com as consoantes **b** ou **d** e escreva-as ao lado. Depois, separe as sílabas.

a) o____ter _____   _____

b) a____junto _____   _____

c) o____servação _____   _____

d) a____strato _____   _____

e) a____soluto _____   _____

f) a____versário _____   _____

g) o____jetivo _____   _____

31

3. Leia o poema a seguir. Ele fala do tucumã, uma palmeira típica da Amazônia, cujo fruto é muito saboroso.

Tucumã

Com tucumã peço
Que o **verso** capriche,
Porque dá recheio
Para o sanduíche.

Também é **nascido**
De uma **palmeira**
Que lá na Amazônia
Se exibe faceira.

Não é pelo tronco
Que é cheio de espinho,
Mas o que encanta
É a cor do coquinho.

Laranja coral,
Parece uma **festa**
Que dá brilho ao **verde**
De toda floresta.

[...]
Dele eu já provei
E virei seu fã,
Quem nunca comeu
Coma o tucumã!

César Obeid. *Cores da Amazônia*: frutas e bichos da floresta. São Paulo: Editora do Brasil, 2015.

a) O poema tem quantas estrofes? E quantos versos?

_____

b) Circule no poema as palavras que rimam.
- Agora, responda: As rimas ocorrem em quais versos?

_____

c) No verso "Se exibe **faceira**.", que palavra pode substituir o termo em destaque? Assinale a alternativa correta.

☐ triste ☐ vaidosa

d) Separe as sílabas das palavras destacadas no poema. Depois, escreva abaixo o encontro consonantal correspondente.

_____

_____

4. Ligue as palavras da mesma família.

a) confeccionar   observar   e) confeccionado

b) observação   técnica   f) observável

c) admiração   confecção   g) admirável

d) tecnologia   admirar   h) tecnológico

CAPÍTULO 5

GRAMÁTICA

Dígrafos

Leia a tirinha a seguir.

Tirinha com Mônica, de Mauricio de Sousa.

Na tirinha, foi usada a palavra **espelho**. Observe a divisão silábica dessa palavra.

espelho ⟶ es-pe-**lh**o

Apesar de **lh** serem duas letras, representam um único som, ou seja, um único fonema. Esses casos são chamados de **dígrafos**.

> **Dígrafos** são duas letras representando um único som.

Veja os quadros abaixo:

Dígrafos	Exemplos
ch	bicho, chapéu
lh	filha, trabalho
nh	linha, ninho
gu	formigueiro, águia
qu	toque, quilo

Dígrafos	Exemplos
rr	carro, terra
ss	fóssil, pássaro
sc	descer, nascer
sç	cresça, floresça
xc	exceção, excelente

33

As letras **gu** e **qu** são dígrafos apenas quando a letra **u** não é pronunciada.

Além desses, também são dígrafos os grupos que representam as vogais nasais, sempre posicionadas em final de sílaba. São eles:

Dígrafos	Exemplos	Dígrafos	Exemplos
am	campo	an	canto
em	sempre	en	semente
im	limpo	in	linda
om	tromba	on	tontura
um	chumbo	un	fundo

Dígrafos e separação em sílabas

Separamos os dígrafos **rr**, **ss**, **sc**, **sç** e **xc** colocando uma letra em cada sílaba.

Observe: be**r**-**r**o, ma**s**-**s**a, a-do-le**s**-**c**en-te.

Porém, não há separação das letras nos dígrafos **ch**, **lh**, **nh**, **qu** e **gu**.

Observe: ca-**ch**o, fa-ri-**nh**a, **ch**i-**qu**e, **gu**i-a.

ATIVIDADES

1. Circule os dígrafos das palavras. **Dica**: algumas delas possui mais de um!

a) quiabo
b) guerreiro
c) cinto
d) passeio
e) lembrança
f) jarro
g) cacho
h) excesso
i) agasalho

2. Complete as palavras com o dígrafo que está faltando.

a) to____esmo
b) p____deiro
c) brin____edo
d) cari____o
e) c____toria
f) l____te
g) na____imento
h) mi____a
i) agu____a
j) ____eijo
k) pres____to
l) se____ote

3. Separe as sílabas das palavras.

a) gafanhoto _____

b) líquido _____

c) pilha _____

d) chiclete _____

e) florescer _____

4. Leia o poema a seguir.

Chico Cochicho

Esta é a casa de Chico Cochicho,
Onde você vai poder achar
Muita planta, gente e bicho!

Galinha choca, chicória e chuchu,
Uma macaca chamada Chita
E os chifres do boi zebu.
Esta é a casa da chácara do Chico Cochicho:
Tem sala, quarto, beliche, até!
Tem banheiro com chuveiro e cozinha e chaminé!!!

Cristina Porto. *Chico Cochicho*. São Paulo: FTD, 1988.

a) Escreva abaixo as palavras que rimam no poema.

_____

b) Grife as palavras do poema que contêm dígrafo.

c) Preencha a tabela com as palavras que você circulou conforme a classificação de cada uma delas.

Dígrafos com consoantes	Dígrafos com vogais nasais

ORTOGRAFIA

Palavras com sc ou sç

1. Complete as palavras com **sc** ou **sç** e, depois, copie-as.

a) a____ensão _____

b) rena____o _____

c) cre____imento _____

d) di____ípulo _____

e) cre____o _____

f) de____o _____

g) pi____ina _____

h) na____ente _____

2. Leia as palavras e separe as sílabas. Depois, pinte os quadrados de amarelo quando o grupo **sc** for dígrafo e de verde quando o grupo **sc** não for dígrafo.

a) ☐ escada _____

b) ☐ transcender _____

c) ☐ escorregador _____

d) ☐ acréscimo _____

e) ☐ piscada _____

f) ☐ descendente _____

g) ☐ escova _____

h) ☐ fascículo _____

i) ☐ consciente _____

j) ☐ fiscal _____

k) ☐ máscara _____

l) ☐ descida _____

m) ☐ piscina _____

n) ☐ isca _____

3. Leia as palavras e corrija o que estiver incorreto, conforme o modelo.

fascinante → fasc-i-nan-te, dígrafo **na**   fa**s**-**c**i-nan-te   dígrafos **sc/an**

a) nascimento → nas-ci-men-to, dígrafo **nt** _____

b) disciplina → di-sci-pli-na, dígrafo **sc** _____

c) florescer → flo-res-cer, dígrafo **fl** _____

d) adolescente → a-do-le-scen-te, dígrafos **sc/en** _____

e) Priscila → Pri-sci-la, dígrafo **sc** _____

4. Observe o cartaz de uma campanha contra a dengue.

VASOS DE PLANTAS, BEBEDOUROS, PISCINA E ENTULHOS.

ACABE COM A ÁGUA PARADA E NÃO DEIXE O *AEDES AEGYPTI* NASCER.

DENGUE. SE VOCÊ NÃO ELIMINAR OS FOCOS, O MOSQUITO APARECE.

SAIBA MAIS

SUS — GOVERNO DO ESTADO DO ESPÍRITO SANTO — Secretaria de Estado da Saúde

Espírito Santo. Secretaria de Estado da Saúde. Dengue. Se você não eliminar os focos, [...]. Disponível em: https://mosquito.saude.es.gov.br/Media/dengue/Campanhas%20Publicit%C3%A1rias/Sesa_dengue_web_1_2019.jpg. Acesso em: 18 abr. 2022.

a) Quem produziu o cartaz?

_____

_____

b) Com qual finalidade o cartaz foi produzido?

_____

c) Qual é o público-alvo do cartaz?

_____

d) O texto do cartaz está escrito com letras grandes, maiúsculas e com fundo colorido. Por quê?

_____

_____

5. Observe estas palavras que aparecem no cartaz:

piscina   nascer

a) Separe as sílabas de cada uma delas e diga se contêm dígrafos ou não.

_____

b) Pesquise duas palavras em outras fontes de consulta em que o grupo **sc** seja dígrafo e duas em que o grupo não seja dígrafo. Escreva-as abaixo.

_____

CAPÍTULO 6

GRAMÁTICA

Sílaba tônica

Leia este verbete de dicionário.

> **água <á.gua> substantivo feminino** Líquido sem cor, cheiro nem gosto, e fundamental para todos os seres vivos: *A maior parte da superfície da Terra está coberta por água.*

Água. *In*: Dicionário Didático Básico da Língua Portuguesa. Ensino Fundamental I. São Paulo: Edições SM, 2011. p. 32.

Todas as palavras apresentam uma sílaba pronunciada com mais intensidade. Leia em voz alta estas palavras retiradas do verbete que você leu:

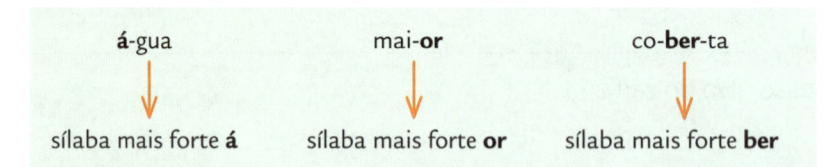

á-gua	mai-or	co-ber-ta
↓	↓	↓
sílaba mais forte **á**	sílaba mais forte **or**	sílaba mais forte **ber**

> A sílaba pronunciada com mais intensidade do que as demais chama-se **sílaba tônica**.

A **sílaba tônica** pode ser acentuada graficamente ou não.

Exemplos:
- superfície → su-per-**fí**-ci-e → sílaba tônica **fí**, com acento gráfico.
- parte → **par**-te → sílaba tônica **par**, sem acento gráfico.

A **sílaba tônica** pode aparecer em posições diferentes nas palavras.

Exemplos:

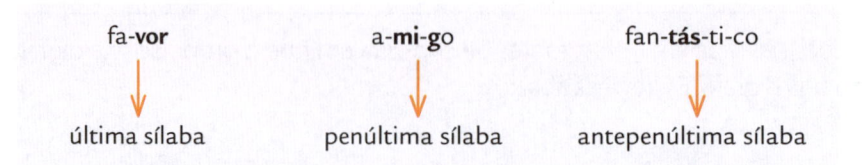

fa-**vor**	a-**mi**-go	fan-**tás**-ti-co
↓	↓	↓
última sílaba	penúltima sílaba	antepenúltima sílaba

Dependendo da posição da sílaba tônica, as palavras podem ser:

- **Oxítonas**: quando a sílaba tônica for a **última** da palavra.
  Exemplos: ani**mal**, ji**ló**, pa**pel**.
- **Paroxítonas**: quando a sílaba tônica for a **penúltima** da palavra.
  Exemplos: a**pi**to, co**le**ga, **ma**la.
- **Proparoxítonas**: quando a sílaba tônica for a **antepenúltima** da palavra.
  Exemplos: **mé**dico, **nú**mero, **sá**bado.

> **ATENÇÃO**
> Na língua portuguesa, **todas** as palavras proparoxítonas são acentuadas.

ATIVIDADES

1. Leia em voz alta cada palavra e circule a sílaba tônica.

- a) café
- b) anzol
- c) relâmpago
- d) lágrima
- e) túnel
- f) caderno
- g) parede
- h) pêssego
- i) sabiá
- j) margarida
- k) fubá
- l) sabor
- m) carteira
- n) pênalti
- o) trânsito
- p) camisa

2. Escreva o nome de cada animal representado nas imagens abaixo e classifique-os quanto à tonicidade.

a)

b)

c)

d)

e)

f)

39

3. Em cada sequência, há uma palavra cuja classificação difere das demais. Circule-a e classifique-a quanto à tonicidade.

a) xícara, melancia, ônibus, estômago, lâmpada (proparoxítonas)

_____

b) lição, balão, porão, João, pinhão, ímã (oxítonas)

_____

c) laranja, laranjeira, laranjal, laranjada (paroxítonas)

_____

4. Leia o trecho da lenda a seguir.

> Numa **antiga** aldeia **Kamaiurá** havia uma **menina** que chorava muito. Estava sempre chorando. Dia e noite chorava sem **nenhum** motivo.
> Seu pai era um grande **pescador**. Saía para pescar todos os dias e, quando retornava para **casa**, encontrava a menina chorando. Ela era uma **criança** ainda **pequena**, que mal sabia andar. E para ver se a menina parava com o **pranto**, o pai dizia para ela:
> — Não chore, minha **filha**. Vamos **comer peixe** agora.
> Mas a menina não parava de **chorar**. Todos os dias era a mesma coisa, até que um dia a mãe, **aborrecida** com tanto choro, disse para o **marido**:
> — Ponha essa menina lá fora e deixe o uaraim levá-la de vez.
> [...]

Antoracy Tortolero Araujo. *Lendas indígenas*. São Paulo: Editora do Brasil, 2014. p. 33.

a) Pelo sentido do texto que você leu, explique o significado da palavra **pranto**. Justifique sua resposta.

_____
_____

b) Por estar aborrecida, qual foi a decisão da mãe da indiazinha?

_____

c) Organize no quadro as palavras destacadas no texto, de acordo com a posição da sílaba tônica.

Oxítonas	Paroxítonas	Proparoxítonas

ORTOGRAFIA

Palavras com ar, er, ir, or ou ur

1. Complete as palavras com **ar**, **er**, **ir**, **or** ou **ur**.

a) b____bante   d) m____telo   g) b____boleta   j) ____na

b) abaj____   e) baz____   h) v____dura   k) c____co

c) ____gente   f) laz____   i) c____da   l) c____so

2. Leia as palavras e pinte cada quadrinho de acordo com a legenda correspondente.

- Consoante **r** em início de sílaba (como em **r**ã ou ca**r**amujo).
- Consoante **r** em final de sílaba (como em po**r**co).
- Consoante **r** em início de sílaba e após consoante (como em mel**r**o).

Ilustrações: DAE

a) ☐ genro   d) ☐ irmão   g) ☐ turma

b) ☐ mergulho   e) ☐ raposa   h) ☐ rinoceronte

c) ☐ canguru   f) ☐ calor   i) ☐ Henrique

3. Ordene as sílabas e forme as palavras. Depois, leia-as em voz alta e escreva a sílaba mais forte.

a) nei | car | ro   _____   _____

b) vi | lha | er   _____   _____

c) gen | ur | te   _____   _____

d) pre | sur | sa   _____   _____

e) ber | co | tor   _____   _____

- Agora responda: Qual dessas palavras é a única oxítona?

_____

- Escolha duas das palavras acima e forme uma frase com cada uma delas.

_____

_____

4. Leia este poema.

As tias

A tia **Catarina**
Cata a linha

A tia Lela
Espia a janela

A tia Tininha
Faz a rosquinha

A tia **Tereza**
Bota a mesa

A tia Cema
Teima que teima

A tia **Marta**
Corta a batata

A tia Ceição
Amassa o pão

A tia Maria
Dorme de dia

A tia Salima
Fecha a **rima**

Elias José. *Namorinho de portão*. São Paulo: Moderna, 1986. (Coleção Girassol).

a) O poema tem quantas estrofes? Quantos versos há em cada estrofe?

_____

b) Circule as palavras que rimam no poema.

c) Nesse poema, o eu lírico, em terceira pessoa, relaciona cada tia a uma atividade ou a um comportamento. Com base nisso, releia os versos abaixo.

A tia Cema
Teima que teima

- O que significa a expressão em destaque?

_____

d) Note que, no poema, todas as estrofes começam com "A tia". Por que você acha que esse recurso foi utilizado?

_____

_____

e) Separe em sílabas as palavras destacadas no poema. Depois, organize-as de acordo com o lugar da consoante **r** na sílaba.

_____

Início da sílaba	Final da sílaba

CAPÍTULO 7

GRAMÁTICA

Acento agudo e acento circunflexo

Leia o trecho da história e observe as palavras destacadas.

> Eu ouvi esta **história** de uma amiga, que disse que isso aconteceu, de verdade, em Montes Claros, Minas Gerais.
>
> Para contar a história, **é** preciso imaginar uma velha fazenda antiga. Dentro da fazenda, uma vetusta (socorro, que palavrão!) mesa colonial, muito comprida, de **jacarandá**, naturalmente. Em volta da mesa, uma **família** mineira. [...]
>
> A família era enorme e comia reunida, em volta da toalha bordada: pai, mãe, **avó**, **avô**, filhos, netos, sobrinhos, afilhados, a comadre que ficou **viúva**, a solteirona que era irmã da avó da Mariquinha... e o **bisavô** Arquimedes.

Silvia Orthof. O bisavô e a dentadura. *In*: Ana Maria Machado *et al*. *Quem conta um conto?* São Paulo: FTD, 2001. p. 54.

Nas palavras **história**, **é**, **jacarandá**, **família**, **avó** e **viúva** há um sinal sobre as vogais **a**, **e**, **i**, **o** e **u**. Esse sinal é um **acento gráfico**. A esse tipo de sinal damos o nome de **acento agudo** (´).

> O **acento agudo** é usado para indicar que a sílaba é tônica e que a vogal tem **som aberto**.

Nas palavras **avô** e **bisavô** há outro sinal sobre a vogal **o**. É o **acento circunflexo** (^).

> O **acento circunflexo** é usado para indicar que a sílaba é tônica e que a vogal tem **som fechado**.

Os acentos gráficos são usados na vogal tônica das palavras.

ATIVIDADES

1. Escreva o nome dos seres e objetos representados pelas imagens, observando se levam acento agudo ou acento circunflexo.

a)

b)

c)

d)

e)

f)

g)

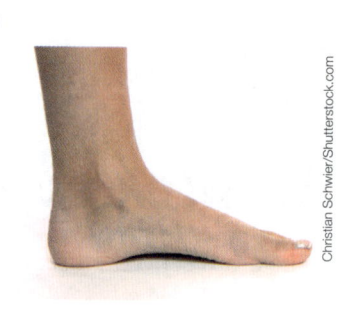

h)

i)

2. Leia as palavras a seguir em voz alta e acentue-as com acento agudo ou acento circunflexo.

a) cerebro
b) ciencia
c) hospede
d) liquido
e) genero
f) camera
g) marmore
h) transito
i) sabado
j) informatica
k) estomago
l) numero

3. Pinte os quadrinhos conforme a classificação de cada palavra. **Dica:** leia as palavras em voz alta para saber qual sílaba é a mais forte.

● palavra proparoxítona   ● palavra paroxítona   ● palavra oxítona

a) [ ] você   f) [ ] músculos   k) [ ] júri
b) [ ] ímã   g) [ ] armazém   l) [ ] retângulo
c) [ ] próximo   h) [ ] repórter   m) [ ] tórax
d) [ ] órgão   i) [ ] ângulo   n) [ ] táxi
e) [ ] nó   j) [ ] têxtil   o) [ ] judô

4. Leia as palavras, observe o que está destacado em cada uma delas e faça o que se pede.

| gambá → gam-**bá** | café → ca-**fé** | metrô → me-**trôs** |
| maracujás → ma-ra-cu-**jás** | jacarés → ja-ca-**rés** | robôs → ro-**bôs** |

a) Considerando as palavras que você leu, marque as frases corretas.

[ ] A sílaba tônica de cada palavra está em destaque.

[ ] O que está em destaque é a última sílaba dessas palavras.

[ ] Essas palavras são classificadas como paroxítonas, porque a sílaba tônica é a penúltima.

[ ] As palavras oxítonas terminadas em **a**, **as**, **e**, **es**, **o**, **os** são acentuadas graficamente.

[ ] As palavras oxítonas não podem ser acentuadas graficamente.

b) Leia as palavras a seguir e circule as que são acentuadas graficamente pelo mesmo motivo que as palavras **gambá**, **maracujás**, **café**, **jacarés**, **metrô** e **robôs**.

música	você	álbum	maiô
lago	japonês	pajé	trapézio
através	relógio	após	marés

c) Classifique as palavras que você não circulou no quadro acima quanto à posição da sílaba tônica.

_____

_____

_____

ORTOGRAFIA

Palavras com al, el, il, ol ou ul

1. Organize as sílabas para formar palavras. Depois, escreva as palavras que você formou.

a) tu | al | ra
_____

b) vel | mó
_____

c) da | ça | cal
_____

d) fa | ol | to
_____

e) fil | gem | ma
_____

f) ta | mul
_____

g) tal | quin
_____

h) vo | pol
_____

i) mo | úl | ti
_____

j) bril | a
_____

k) nel | tú
_____

l) nil | ca
_____

2. Escreva o nome dos seres e objetos representados pelas imagens.

a) _____

b) _____

c) _____

d) _____

e) _____

f) _____

3. Complete as palavras com **al**, **el**, **il**, **ol** ou **ul**.

a) pard____

b) gent____

c) cachec____

d) út____

e) c____to

f) ____ma

g) carret____

h) futeb____

i) fun____

j) ____fo

k) p____ga

l) ____mofada

CAPÍTULO 8

GRAMÁTICA

Cedilha

Leia o texto a seguir.

Pato de pé

O pato é um bicho gozado,
o pato **engraçado** é,
só sabe nadar sentado,
mas sempre **caminha** de pé.

Sinval Medina e Renata Bueno. *Cachorro tem dia de cão?* São Paulo: Editora do Brasil, 2012. p. 5.

As palavras **engraçado** e **caminha** têm a letra **c**.

Na palavra **engraçado**, foi colocado um sinal debaixo da letra **c**. Esse sinal é a cedilha (¸).

A **cedilha** é usada na letra **c** quando ela vem antes de **a**, **o** e **u** para representar o som de **ss** (exemplos: dan**ç**ar, pa**ç**oca, a**ç**úcar).

Na palavra **caminha**, a letra **c** não representa o som de **ss**, por isso não colocamos o sinal de cedilha nela.

> Não se usa **cedilha** na letra **c** quando ela vem antes de **e** e **i**.
> Exemplos: **ce**bola, **ci**dade.
> Nunca se usa **ç** em início de palavra.

ATIVIDADES

1. Preencha os espaços completando corretamente as frases.

a) A letra **c** com cedilha (**ç**) é usada antes das vogais ____, ____ e ____ para representar o som de **ss**, como em **moça**, **poço** e **doçura**.

b) A letra **c** seguida das letras ____ e ____, como em **você** e **felicidade**, representa o mesmo som do dígrafo ____.

2. Leia o trecho de uma lenda kaiapó e vá completando as palavras com **c** ou **ç**.

> ____erta vez, um ca____ador de tatu, cavando a terra, descobriu um grosso ____ipó. Esse cipó era a veia prin____ipal da terra e, quando foi cortado pelo ca____ador, dele jorrou uma quantidade tão grande de água que o mundo ficou todo inundado.
> Os animais morreram. Os índios treparam nas árvores mais altas, que não ficaram submersas. As águas demoraram muito a baixar e os sobreviventes ficaram magrinhos e fracos, pois não conseguiam des____er das árvores.
> [...]

Antoracy Tortolero Araujo. *Lendas indígenas*. São Paulo: Editora do Brasil, 2014. p. 17.

> As **lendas** são narrativas orais, transmitidas de geração a geração por diferentes povos, que explicam os fenômenos da natureza, a criação do mundo, entre outros assuntos. As lendas se passam em tempo e local indeterminados e misturam elementos reais e fantasiosos.

a) Quando essa história aconteceu? Copie do texto a expressão que justifica sua resposta.

_____

_____

b) Onde essa história ocorreu?

_____

c) Releia o trecho a seguir.

> Esse cipó era a **veia** principal da terra e, quando foi cortado pelo caçador, dele **jorrou** uma quantidade tão grande de água que o mundo ficou todo inundado.

• Pelo sentido desse trecho, explique o significado das palavras **veia** e **jorrou**. Justifique sua resposta.

_____

_____

_____

3. Copie as palavras, empregando a **cedilha (¸)** quando necessário. Depois, separe-as em sílabas.

a) praca _____ _____

b) preco _____ _____

c) cenoura _____ _____

d) acucareiro _____ _____

e) cidade _____ _____

4. Escreva o nome dos seres e objetos representados pelas imagens. Depois, circule as palavras em que você **não** utilizou a cedilha.

a) _____

b) _____

c) _____

d) _____

e) _____

f) _____

g) _____

h) _____

i) _____

5. Leia o texto, observe as palavras destacadas e faça o que se pede.

E o palhaço, o que é?

Antes de **começar** eu **preciso explicar** umas **coisinhas**: a profissão de **palhaço** não é tão **fácil** de definir **como** a de veterinário, **cantor**, jogador de futebol. A gente até pode dizer que ele é uma pessoa que faz os outros darem risada, e vai estar **certo**, **certíssimo**. [...] Eu **conheço** muita gente que, quando vê um palhaço, fica tão **emocionada** que, em vez de rir, **começa** a chorar. E as **crianças** pequenas, então? Algumas preferem jantar **com** um monstro sem **cabeça** a topar com um palhaço – chega a dar pena: choram, gritam, esperneiam! **Parece** até que vão ter um **troço**.

(Eu mesmo já fiz muitas dessas vítimas. De vez em quando ainda **faço**. São **coisas** da profissão.)

Cláudio Thebas. *O livro do palhaço*. São Paulo: Companhia das Letrinhas, 2005. p. 11.

a) Copie as palavras em que a letra **c** representa o mesmo som que na palavra **capitão**.

_____

b) Copie as palavras em que o **ç** representa o mesmo som que o **ss** do termo **pessoas**.

_____

c) Copie as palavras em que não foi empregada a cedilha porque o **c** vem antes de **e** e **i**.

_____

49

ORTOGRAFIA

Til

> O **til** (~) é um sinal gráfico usado sobre as vogais **a** e **o** para atribuir a elas um **som nasal**.

1. Leia o texto a seguir e vá completando cada palavra com uma das opções que aparecem entre parênteses. Se precisar, consulte um dicionário.

Papagaio-chauá (*Amazona rhodocorytha*)

Vive nas florestas úmidas da fai____a (ch/x) litorân____a (e/i) do país, sendo enco____trado (m/n) desde o estado do Alagoas até o Rio de Janeiro e regi____s (ão/õe/ões) de Minas Gerais, tanto em matas a____tas (l/u) na Se____a (r/rr) do Mar e i____terior (m/n) quanto ao lo____go (m/n) dos vales de gra____des (m/n) rios e nas matas de tabul____ro (e/ei). A regi____ (ao/ão/ões) onde habita vem sendo muito desmatada devido à pre____ (ção/são/ssão) e____ercida (z/x/s) pela cria____ (ção/são/ssão) de gado, agricultura inte____siva (m/n) e urbani____ação (s/z).

Se alime____ta (m/n) de frutos, seme____tes (m/n) e brotos, mas muitas vezes se delicia em pomares de caju, mam____ (ao/ão), ma____ga (m/n) e isso dei____a (ch/x) os donos dos pomares muito bravos.

Qua____do (m/n) voam emitem esse som: **kau-au**, **kau-au**.

Papagaio-chauá.

Brasil. Ministério do Meio Ambiente. Sociedade de Zoológicos e Aquários do Brasil. *Papagaios do Brasil*. Brasília, DF: Ministério do Meio Ambiente, 2016. p. 23.

a) Qual é a finalidade desse texto?

_____

b) Releia um trecho do texto.

> Se alimenta de frutos, sementes e brotos, mas muitas vezes se **delicia** em pomares de caju, mamão, manga e isso deixa os donos dos pomares muito bravos.

• Assinale qual das palavras a seguir substitui o verbo destacado sem alterar o sentido do trecho.

☐ distrai   ☐ deleita   ☐ diverte

CAPÍTULO 9

GRAMÁTICA

Pontuação

Pontuação é o emprego de **sinais gráficos** nas frases. Eles ajudam o leitor a compreender com clareza a ideia transmitida no texto.

Os sinais de pontuação podem ser usados em diferentes posições. O ponto final, o ponto de interrogação e o ponto de exclamação finalizam frases.

Ponto final

Leia o trecho do poema a seguir.

Te conto que me contaram
que os contos andam soltos **.**
Saíram de não sei onde
Com saudade a tiracolo **.**

Parece que todos juntos
acordaram de repente,
com o ensaio das cigarras
espalhando seus segredos **.**

Gloria Kirinus. *Te conto que me contaram*. São Paulo: Cortez, 2004. p. 4.

No final das frases do texto, há um ponto (**.**) que indica o fim delas.
Esse ponto é o **ponto final**.

> O **ponto final** indica o fim de uma frase declarativa, que pode ser afirmativa ou negativa.

Ponto de interrogação

Leia este outro trecho.

[...]
E agora, queridos leitores [?]
Quem foi que inventou tanta maluquice [?]
Será que fui eu mesma [?]
Será que foram meus avós [?] Meus tataravós [?]
Aqui, no Brasil, na África, na Espanha ou em Portugal [?]
[...]

Heloisa Prieto. *O jogo da parlenda*. São Paulo: Companhia das Letrinhas, 2010. p. 14.

O sinal (**?**) no final das frases indica uma pergunta. É o **ponto de interrogação**.

> O **ponto de interrogação** indica o fim de uma frase interrogativa, ou seja, uma pergunta.

Ponto de exclamação

Por fim, leia este trecho.

Uma vez, o Rato Rui rondava o rodapé do refeitório real e recebeu do Rei Reinaldo duas rosquinhas recheadas com requeijão. Rui ficou radiante com tanto recheio, tanto requeijão. [...]
Outro dia, Rui retornou ao refeitório para se refestelar com o recheio de requeijão, mas o Rei Reinaldo se recusou a repartir sua refeição com o ratinho roqueiro. O Rei resmungou:
— Vá roer rapadura em um reinado da redondeza [!]
Rua [!]

Jonas Ribeiro. *Alfabético, almanaque do alfabeto poético*. São Paulo: Editora do Brasil, 2015. p. 60.

O sinal (**!**) no final de algumas frases é o **ponto de exclamação**. Nesse texto, ele foi usado para expressar ordem.

> O **ponto de exclamação** é usado para indicar ordem, pedido, emoções (alegria, raiva, tristeza, surpresa, medo, espanto, admiração etc.).

ATIVIDADES

1. Leia o trecho de peça teatral a seguir.

A Floresta do Raio Vermelho

A PEÇA INICIA COM UM BURRINHO ENTRANDO EM CENA APAVORADO.

BURRALDINO – Não! Não e não! Eu não vou mais carregar carroça para ninguém! Eu protesto! Eu me recuso! Quem quiser que compre um carro ou então que vá de ônibus, mas eu é que não vou mais servir de burro de carga! Onde já se viu? Viver puxando carroça pra cima e pra baixo e ainda por cima levando chicotadas!? [...] Pois agora quem quiser conforto que vá de "táxique" porque a partir de hoje só se me pagarem! Isso mesmo! Pra cada quilômetro cavalgado, um quilo de capim-gordura bem passado. Tão pensando o quê? Que eu sou burro? Ora! Pois bem, agora eu quero ver se eles me encontram aqui no... aqui na... Ei! Onde é que eu estou!?

FLORINDA, A ÁRVORE, CUMPRIMENTA BURRALDINO.

FLORINDA – Olá, burrinho!

BURRALDINO – Ai! Socorro! Quem está falando?

FLORINDA – Sou eu aqui, atrás de você!

BURRALDINO – Atrás de mim?

FLORINDA – (balança os galhos) Aqui, ó!

BURRALDINO – Ué! Uma árvore? Eu pensava que as árvores só conversassem com outras árvores!

FLORINDA – É verdade. As árvores conversam com outras árvores, os animais com outros animais e os homens com outros homens. Mas hoje é necessário que todos falem a mesma língua para que todos possam sobreviver. O meu nome é Florinda, e o seu?

BURRALDINO – O meu é Burraldino Jumentino da Silva.

FLORINDA – Por que você fugiu dos homens, Burraldino?

BURRALDINO – Ora, "por quê"? Porque eu não sou burro, né! Quer dizer; sou... mas seria ainda mais se deixasse eles me maltratarem.

FLORINDA – Então, vocês na cidade têm sido maltratados?

BURRALDINO – Depende. Alguns recebem tratamento melhor do que os seres humanos; já outros, mal conseguem sobreviver.

FLORINDA – Pois é, alguns homens pensam que nós não temos sentimento. Aqui na Floresta do Raio Vermelho a situação não está nada melhor.

BURRALDINO – Floresta do quê?

FLORINDA – Floresta do Raio Vermelho. Ela tem esse nome porque dizem que antigamente, quando os animais e vegetais viviam em paz, a luz do sol era tão mais forte e tão mais bonita que os raios chegavam a ser vermelhos. Hoje eu acho que o sol ficou mais triste e os seus raios já não são tão vermelhos.

BURRALDINO – Por que o sol se entristeceu?

FLORINDA – Porque parece que alguns homens perderam o respeito pela natureza e se esqueceram [de] que também fazem parte dela e precisam dela para sobreviver. São capazes de

> sacrificar tudo em favor do que eles chamam de progresso. Invadem florestas, matam os animais, poluem os mares e rios, queimam as matas, cortam as árvores... ai! É um horror!
> [...]

Jomar Magalhães. *A Floresta do Raio Vermelho*. [S. l.]: Oficina de Teatro, [20--]. Disponível em: https://oficinadeteatro.com/conteudotextos-pecas-etc/pecas-de-teatro/viewdownload/7-pecas-infantis/43-a-floresta-do-raio-vermelho. Acesso em: 8 jul. 2022.

- Quais são os personagens da peça?

___

> Como a peça teatral é escrita para ser representada, ela contém informações para orientar os atores, o diretor e os demais profissionais que vão trabalhar nela. Essas informações chamam-se **rubricas**. Além disso, para facilitar os ensaios, as falas são precedidas do nome (em letra maiúscula) do personagem correspondente.

2. Leia os trechos abaixo e responda ao que se pede.

> FLORINDA – Pois é, alguns homens pensam que nós não temos sentimento. Aqui na Floresta do Raio Vermelho a situação não está nada melhor.

- Nessa fala, a árvore Florinda está:

☐ expressando raiva ao dizer que a situação da Floresta do Raio Vermelho não está boa.

☐ declarando que os homens pensam que os seres da floresta não têm sentimento.

> FLORINDA – Então, vocês na cidade têm sido maltratados?

- Nesse trecho, Florinda está:

☐ afirmando que todos os habitantes da cidade têm sido maltratados.

☐ perguntando ao Burraldino se todos os habitantes da cidade têm sido maltratados.

3. Sempre que fazemos uma pergunta, empregamos o ponto de interrogação. Copie do texto uma fala de Burraldino em que ele esteja perguntando algo para Florinda.

___

4. Observe a fala abaixo.

> BURRALDINO – [...] Eu não vou mais carregar carroça para ninguém! Eu protesto! Eu me recuso!

- Nesse trecho, Burraldino está:

☐ fazendo uma exclamação, dizendo com raiva que não vai mais carregar carroça para ninguém.

☐ declarando que atualmente não está mais carregando carroça.

ORTOGRAFIA

Palavras com s representando o som de z

> A letra **s** entre vogais representa o som de **z**: ca**s**a, fra**s**e, avi**s**o.

1. Leia, a seguir, o trecho de uma carta de reclamação.

> Os jornais costumam ter uma seção em que publicam as cartas dos leitores, entre elas as **cartas de reclamação**.
>
> As cartas de reclamação também podem ser publicadas em revistas e *sites*. Nesses textos, emprega-se a linguagem formal.

    A Prefeitura de Sorocaba e o Saae inauguraram, há um ano, o Parque Romeu **Osório**, na região do Jd. Paulistano. [...]

    Embora a prefeitura mantenha serviço de limpeza e corte de grama, faltam cuidados, como a substituição de lâmpadas queimadas, mais lixeiras, manutenção dos bancos, das estátuas, dos bebedouros. [...]

    Parte do povo joga bituca de cigarro, papel de bala, canudinho, palito de picolé, garrafas, copos, latinhas, etc. nas pistas, no gramado e no reservatório. [...]

    Alguns levam seus cães para passear e fazer suas necessidades fisiológicas no parque e não recolhem as fezes dos animais. [...]

T. P. C.

Telmo Pereira Cardoso. O parque e o povo. *Cruzeiro do Sul*, Sorocaba, 15 out. 2020.
Disponível em: www.jornalcruzeiro.com.br/opiniao/do-leitor/o-parque-e-o-povo/. Acesso em: 8 jul. 2022.

a) Onde essa carta de reclamação foi publicada?

___

b) A quem essa carta foi dirigida?

___

___

c) Qual é a finalidade dessa carta de reclamação?

___

2. Copie as palavras destacadas no texto.

_____

• Nessas palavras, a letra **s** representa o som de:

☐ ss.   ☐ c.   ☐ z.

3. Observe a letra que vem antes e a que vem depois da letra **s** de cada palavra a seguir. Em seguida, assinale as palavras em que a letra **s** tem o mesmo som que as palavras da atividade anterior.

☐ dengoso   ☐ urso   ☐ carinhoso   ☐ suspense

☐ simples   ☐ estudiosa   ☐ pensamento   ☐ camponesa

☐ visita   ☐ diversão   ☐ música   ☐ sábado

• As palavras que você **não** assinalou têm a letra **s** entre vogais?

_____

4. Complete as palavras com a letra **s**, depois, copie-as e leia-as em voz alta.

a) pesqui____a

c) amoro____o

e) de____enhar

_____   _____   _____

b) u____uário

d) avi____o

f) bra____ileiro

_____   _____   _____

5. Acompanhe as indicações.

zebra → Som de **z** representado pela consoante **z**.

besouro → Som de **z** representado pela consoante **s**.

• Agora, forme palavras usando **s** ou **z** e complete as indicações.

a) a☐eitona   c) la☐anha   e) ali☐ar

↓   ↓   ↓

Som de **z** representado pela consoante ____.   Som de **z** representado pela consoante ____.   Som de **z** representado pela consoante ____.

b) saboro☐o   d) co☐inha   f) re☐erva

↓   ↓   ↓

Som de **z** representado pela consoante ____.   Som de **z** representado pela consoante ____.   Som de **z** representado pela consoante ____.

CAPÍTULO 10

GRAMÁTICA

Vírgula, ponto e vírgula, dois-pontos e reticências

Vírgula

Leia esta tirinha.

Caulos. *Vida de passarinho*. São Paulo: L&PM, 2005. p. 17.

No primeiro quadrinho, foi utilizado um sinal de pontuação para separar a contagem feita pelo personagem. Observe.

Um **,** dois **,** três **,** quatro...

Esse sinal de pontuação chama-se **vírgula** (,). Ela é usada para indicar uma pequena pausa na leitura.

A vírgula também é usada nas seguintes situações:

- para separar elementos enumerados em uma frase.
  Exemplo: Banana, melão, abacate e jaca são frutas deliciosas.
- para separar palavras e expressões que indicam tempo e local.
  Exemplo: Maceió, 21 de maio de 2022.
- para separar o vocativo (chamamento) do restante da frase.
  Exemplo: Duda, você esqueceu seu guarda-chuva!

Ponto e vírgula

Quando se deseja indicar, durante a leitura, uma pausa maior do que a pausa da vírgula, é usado o **ponto e vírgula** (;). Observe.

Joana começou a tocar ; seus braços e mão balançavam com elegância para um lado e para o outro e passeavam pelas cordas. [...]

Jan Coates. *Arco-íris no escuro*. São Paulo: Melhoramentos, 2009. p. 27.

Dois-pontos

Leia o texto e observe o sinal destacado.

Ao ver uma velha coroca
fritando um filé de minhoca
o Zé Minhocão
falou pro irmão :
"Não achas melhor ir pra toca?"

Tatiana Belinky. *In*: Vera Aguiar (coord.), Simone Assumpção e Sissa Jacoby (org.). *Poesia fora da estante*. Porto Alegre: Projeto, 2007. p. 87.

O sinal destacado no texto acima chama-se **dois-pontos** (:). Eles são usados para:

- dar uma explicação.

    Exemplo: Estava aflito: tinha perdido as chaves.

- introduzir uma enumeração, uma lista.

    Exemplo: No mercado, comprei: frutas, legumes, hortaliças e carne.

- para introduzir a fala em um diálogo.

    Exemplo: Quando a viu, ele disse: – Que saudade de você!

Reticências

Releia este quadrinho.

A fala do personagem é finalizada com **reticências** (...) para dar a ideia de continuidade.

Além desse uso, as reticências também são usadas para interromper o pensamento, com intenção de expressar uma emoção, ou para ocultar o que se pensa.

Exemplo: Ele sente falta da amiga todos os dias...

ATIVIDADES

1. Releia um trecho da peça teatral *A Floresta do Raio Vermelho*.

> FLORINDA – Por que você fugiu dos homens [,] **Burraldino**?
> BURRALDINO – Ora, "por quê"? Porque eu não sou burro, né! Quer dizer; sou [...] mas seria ainda mais se deixasse eles me maltratarem.

a) Observe a fala de Florinda. E se a fala dela fosse somente "Por que você fugiu dos homens?". O tom da pergunta permaneceria o mesmo? Explique sua resposta.

_____

b) Qual é a função da vírgula que vem antes da palavra **Burraldino**?

_____

c) O que indicam as reticências na fala de Burraldino: "Porque eu não sou burro, né! Quer dizer; sou..."?

_____
_____
_____

2. Releia a rubrica abaixo, presente na peça.

> FLORINDA, **A ÁRVORE**, CUMPRIMENTA BURRALDINO.

a) Se eliminarmos o trecho em destaque, a frase continua a ter o mesmo sentido? O que muda em relação à frase original?

_____

b) Com base no que você respondeu no item **a**, qual é a função das vírgulas que aparecem antes e depois da expressão **a árvore**?

_____
_____

3. Releia esta fala de Florinda.

> FLORINDA – Porque parece que alguns homens perderam o respeito pela natureza e se esqueceram [de] que também fazem parte dela e precisam dela para sobreviver. São capazes de sacrificar tudo em favor do que eles chamam de progresso. Invadem florestas [,] matam os animais [,] poluem os mares e rios [,] queimam as matas [,] cortam as árvores... ai! É um horror!

• Qual é a função das vírgulas em destaque?

_____

_____

4. Leia as frases que explicam o uso de cada sinal de pontuação e numere o quadrinho de cada uma delas conforme a legenda.

| 1 vírgula | 2 dois-pontos | 3 reticências | 4 ponto e vírgula |

a) ☐ Usado para introduzir a fala de um personagem.

b) ☐ Sinaliza uma pausa maior do que a vírgula na leitura.

c) ☐ Em datas, separa o nome do lugar.

d) ☐ São usadas para esconder/interromper um pensamento ou expressar emoções.

5. Leia a tirinha e faça o que se pede.

Clara Gomes. O início. In: BICHINHOS DE JARDIM. [S. l.], 4 ago. 2009. Disponível em: https://bichinhosdejardim.com/o-inicio/. Acesso em: 4 jul. 2022.

a) Circule os sinais de pontuação que aparecem na tirinha.

b) Que sinais de pontuação você circulou?

_____

c) No terceiro quadrinho, que sinal de pontuação foi usado para dar a ideia de continuidade na fala do personagem?

_____

6. Pontue as frases com os sinais que aparecem no quadro abaixo.

| , | : | ; | ... | ! | . |

a) Murilo brincou de pião amarelinha pipa e bola

b) A menina agradeceu ela era muito educada e gentil

c) Ele disse Que dia lindo

d) Tenho saudade dele todos os dias

ORTOGRAFIA

Palavras com gua ou qua

1. Leia as palavras do quadro abaixo e copie-as na coluna adequada.

aquarela   égua   aquático   água
quadrilha   quatro   língua   guarita

Palavras com GUA	Palavras com QUA

2. Complete as palavras com **gua** ou **qua** e, depois, copie-as fazendo a separação silábica.

a) a_____rela

b) é_____

c) a_____rio

d) _____rda

3. Ordene as sílabas para formar palavras.

a) ren | ta | qua

b) se | qua

c) dro | qua

d) da | guar | na | po

e) tor | qua | ze

f) dra | do | qua

g) gual | i | da | de

h) guar | a | dar

4. Leia um trecho deste conto.

> ## O patinho bonito
>
> Era uma vez um pato chamado Mílton. Sei que Mílton não é nome de pato. Mas esse se chamava assim, e você vai logo saber por quê. Quando ele nasceu, todos tiveram a maior surpresa. Aliás, não foi quando ele nasceu. Foi quando viram o ovo dele, quer dizer, o ovo que depois seria ele.
>
> Não era um ovo de pato comum. Era meio azulado e brilhante, quase como um ovo de Páscoa. Mas ovos de Páscoa são embrulhados. Esse ovo não era; a casca é que era meio azul. Os pais de Mílton, quando viram o ovo no ninho, foram logo perguntando:
>
> – Mas que é que esse ovo está fazendo aí?
>
> [...]

Marcelo Coelho. O patinho bonito. *In*: Heloísa Prieto (org.). *Vice-versa ao contrário*: histórias clássicas recontadas por Otávio Frias Filho *et al.* São Paulo: Companhia das Letrinhas, 1993.

a) Em que época se passa a história narrada? Que expressão justifica sua resposta?

_____

_____

b) Quais personagens aparecem nesse trecho do conto?

_____

c) O narrador participa ou não da história? Justifique com algum trecho do conto.

_____

_____

> Quando o narrador participa de uma história, ele recebe o nome de **narrador-personagem**. Quando ele apenas narra a história, sem participar dela, é chamado de **narrador-observador**.

5. Escreva duas frases usando as palavras do quadro. Siga as regras.

> quartel   guardião   qualidade   guaraná   guache
> qualquer   língua   quarteirão   régua

- Cada frase deve ter uma palavra com **gua** e uma palavra com **qua**.
- As palavras podem estar no plural, no singular, no aumentativo ou no diminutivo.
- Se você se lembrar de outras palavras com **gua** e **qua**, use-as.

_____

_____

CAPÍTULO 11

GRAMÁTICA

Travessão, parênteses e aspas

Travessão

O **travessão** (—) é usado nos diálogos antes da fala de cada personagem.

Para iniciar uma frase com travessão, devemos colocá-lo na mesma direção do parágrafo.

Observe o uso do travessão no trecho a seguir.

> [...]
> Certo dia, um jovem índio, vagando pela floresta, deparou-se em seu caminho com uma linda moça e perguntou-lhe:
> — Quem és tu?
> Ela respondeu:
> — Vim do céu. Meu pai e minha mãe brigaram comigo, daí eu vim embora, descendo com a chuva.
> [...]

Antoracy Tortolero Araujo. *Lendas indígenas*. São Paulo: Editora do Brasil, 2014. p. 19.

Parênteses

Os **parênteses** ( ) são usados para separar palavras ou grupos de palavras nas frases, para dar uma explicação ou para apresentar um comentário pessoal de quem escreve.

Observe o trecho a seguir, em que os parênteses trazem uma explicação.

> [...] Uma loja que vendia pulseiras, pulseiras e mais pulseiras, todas cheinhas de brilho, como eu adoro. [...] Tinha roxa, verde, vermelha e *pink* (que é o nome chique de rosa-choque), amarelo-clarinho. [...]

Daniela Chindler. *O hambúrguer era de carneiro – Diário de uma viagem à Índia*. Rio de Janeiro: Rocco, 2004. p. 59.

Aspas

As **aspas** (" ") são sinais usados para:

- indicar uma citação.

  Exemplo: Como dizia o escritor Monteiro Lobato: "Quem escreve um livro cria um castelo, quem o lê mora nele".

- destacar alguma expressão.

  Exemplo: Em Portugal, "carioca" é o café com um pouquinho de leite.

- citar uma frase de outra pessoa.

  Exemplo: "Independência ou morte!", gritou D. Pedro às margens do rio Ipiranga.

- dar uma intenção irônica a uma palavra ou expressão.

  Exemplo: O destino escolhido para a viagem foi "um pouquinho fora do comum".

ATIVIDADES

1. Leia o poema a seguir.

Pontinho de vista

Eu sou pequeno, me dizem,
e eu fico muito zangado.
Tenho de olhar todo mundo
com o queixo levantado.

Mas, se formiga falasse
e me visse lá do chão,
ia dizer, com certeza:
– Minha nossa, que grandão!

Pedro Bandeira. *Por enquanto eu sou pequeno*. São Paulo: Moderna, 2009.

a) Relacione o título "Pontinho de vista" com o assunto do poema.

_____
_____

b) Releia o último verso do poema. Quem está falando nesse verso? Justifique sua resposta

_____
_____

- Qual sinal de pontuação foi usado para comprovar sua resposta anterior?

_____

2. Copie os diálogos abaixo colocando os dois-pontos e o travessão nos lugares corretos.

a) Admirada, Aninha disse Quer dizer que essa lagarta vai se transformar em uma borboleta?

_____

_____

_____

b) Vovó, então, perguntou Você gostaria de tomar uma xícara de chá? Ele respondeu Claro! Assim aproveitamos para conversar um pouco mais.

_____

_____

_____

_____

_____

3. Observe o uso das aspas na tirinha.

Bill Watterson. Calvin e Haroldo – Tirinha #329. *Depósito do Calvin*, [s. l.], 26 fev. 2007. Disponível em: http://depositodocalvin.blogspot.com/2007/02/calvin-haroldo-tirinha-329.html. Acesso em: 4 jul. 2022.

a) No primeiro quadrinho, as aspas servem para:

☐ indicar uma citação.

☐ destacar uma expressão.

☐ dar uma intenção irônica.

b) No quarto quadrinho, as aspas servem para:

☐ indicar uma citação.

☐ destacar uma expressão.

☐ dar uma intenção irônica.

ORTOGRAFIA

Palavras com g ou j

> O **g** antes de **e** e **i** representa o som de **j**.

1. Complete as palavras com **g** ou **j** e, depois, copie o trava-língua.

> A na___a e___ípcia ___igante a___e e rea___e hoje, ___á.

_____

2. Observe a imagem. Em seguida, escreva no quadro correspondente o nome de três objetos ilustrados na cena que têm a letra **g** e de três que têm a letra **j**.

Objetos que têm a letra G

Objetos que têm a letra J

3. Escreva as palavras abaixo no quadro de acordo com o som representado por **g**.

> gafanhoto   ligeiro   goleiro   garfo   gelo
> goiaba   gibi   ginasta   geografia   agudo

G representando o som de G	G representando o som de J

4. Complete as frases.

   a) A letra **g** antes das vogais _____ e _____ representa o som de **j**.

   b) Antes das vogais _____, _____ e _____, a letra _____ não representa o som de _____.

5. Escreva duas palavras como exemplos de cada caso da atividade anterior.

_____

6. Leia o poema a seguir, de Roseana Murray.

A venda do seu Chico

A venda do seu Chico tem de tudo:
desde renda até penico.
Tem arroz, feijão, carne de sol,
bota para peão, lençol, semente de girassol.
Tem agulha e linha, milho para galinha,
panela de barro, unguento para catarro,
folhinha, mala para viagem, tem tudo quanto é bobagem.
Tem até dicionário de rima!

Roseana Murray. *Pera, uva ou maçã?* São Paulo: Scipione, 2005. p. 42.

   a) Escreva as palavras que rimam no poema.

_____

_____

_____

   b) Releia o verso a seguir.

   > Tem até dicionário de rima!

   • Qual é a relação desse verso com os outros do poema?

_____

   c) Na palavra **girassol** (quarto verso), a letra **g** representa o som de **j**, pois vem antes da vogal **i**. Isso também acontece quando a letra **g** vem antes da vogal **e**, como na palavra **viagem** (sétimo verso).

   • Leia o trecho a seguir e sublinhe as palavras em que o **g** representa o som de **j**.

   – Para falar com quem morava longe, a gente mandava carta – explicou. – Às vezes demorava meses para chegar. [...]
   Fiquei imaginando como seria ficar longe do vovô e esperar meses por uma carta.

   Cassiana Pizaia, Rima Awada e Rosi Vilas Boas. *Máquinas do tempo*. São Paulo: Editora do Brasil, 2016. p. 12-13.

CAPÍTULO 12

GRAMÁTICA

Tipos de frase

Leia o texto a seguir.

Nós adoramos o friozinho do outono.

O que você acabou de ler é uma **frase**.

Frase é uma palavra ou um conjunto organizado de palavras que expressa um comunicado, uma informação.

Existem diferentes tipos de frase: **declarativas**, **interrogativas**, **exclamativas** ou **imperativas**.

Na escrita, toda frase começa com **letra maiúscula** e termina com um **sinal de pontuação**, que, como vimos em capítulos anteriores, revela a intenção de quem a emitiu. No exemplo, a frase termina com ponto final.

Frases declarativas

As **frases declarativas** expressam uma declaração, que pode ser **afirmativa** ou **negativa**.

As **frases declarativas afirmativas** afirmam alguma coisa. Na escrita, terminam com ponto final. Exemplo:

João Pedro caminha no parque todas as manhãs.

As **frases declarativas negativas** negam alguma coisa. Na escrita, também terminam com ponto final. Exemplo:

Larissa não gosta de sorvete de abacaxi.

Frases interrogativas

As **frases interrogativas** perguntam alguma coisa, pedem alguma informação. Na escrita, terminam sempre com ponto de interrogação. Exemplo:

Que livro você está lendo, Júlia?

Frases exclamativas

As **frases exclamativas** comunicam emoções, como admiração, espanto, alegria, tristeza, surpresa, susto, dor etc.

Na escrita, terminam sempre com ponto de exclamação. Exemplo:

Que cachorrinho mais lindo!

Frases imperativas

As **frases imperativas** indicam uma ordem, um pedido ou um conselho. Na escrita, podem terminar com ponto de exclamação ou com ponto final. Exemplo:

Leve o guarda-chuva, Rafaela!

ATIVIDADES

1. Relacione as colunas.

A	frase afirmativa		Onde você está?
B	frase negativa		Procure gastar menos!
C	frase interrogativa		Não gosto de correr.
D	frase exclamativa		Quero ir ao supermercado.
E	frase imperativa		Que pena!

2. Observe os textos a seguir.

Texto 1

SAFÁRI DE DINOSSAUROS ROBÔS RECRIA "JURASSIC PARK" AO AR LIVRE EM SÃO PAULO

[...]

A atração Jurassic Safari Experience, que tem início nesta quinta-feira (1º), leva ao parque Burle Marx um circuito com 50 réplicas robóticas em tamanho real de diferentes dinossauros. Como manda os protocolos de segurança da quarentena, o trajeto é inteiramente feito de carro.

Inédito, o passeio faz do parque municipal um cenário imaginário habitado pelos bichos pré-históricos. [...]

Isabel Teles. Safári de dinossauros [...]. *Folha de S.Paulo*, 30 set. 2020. Disponível em: https://guia.folha.uol.com.br/passeios/2020/09/safari-de-dinossauros-robos-recria-jurassic-park-ao-ar-livre-em-sao-paulo.shtml. Acesso em: 11 jul. 2022.

Texto 2

SOROCABA: DINOSSAUROS INVADEM O ESTACIONAMENTO DO SHOPPING IGUATEMI ESPLANADA NO MEGA EVENTO DRIVE-IN JURASSIC SAFARI EXPERIENCE

Já imaginou fazer um safari, mas ao invés de leões, macacos e girafas, as estrelas seriam braquiossauros, triceratops e até um tiranossauro?! [...]

Uma fantástica experiência ao lado de criaturas pré-históricas que resolveram adotar São Paulo como seu habitat natural. Jurassic Safari Experience se passa em um parque imaginário construído por cientistas que conseguiram recriar dinossauros de diversos períodos, como triássico, jurássico e cretáceo.

Ao entrarem neste parque, os visitantes passearão em seus carros por uma linda e arborizada alameda. Ao longo do trajeto, dentro de seus carros, todos se depararão com diferentes espécies de dinos até chegarem em uma arena. Ali, uma nova viagem começa. [...]

Daya Lima. Sorocaba: dinossauros [...]. *São Paulo para Crianças*, São Paulo, 16 set. 2021. Disponível em: https://saopauloparacriancas.com.br/passeios-jurassic-safari-experience-sorocaba/. Acesso em: 11 jul. 2022.

a) Qual é o fato apresentado nos dois textos?

_____

b) Onde os textos foram publicados?

_____

c) Releia o texto 1. Em algum trecho dessa notícia aparece a opinião da jornalista sobre o safari? Justifique sua resposta.

_____

> A **notícia** tem como objetivo relatar fatos que ocorreram recentemente. Geralmente, busca apresentar os acontecimentos sem incluir a opinião do jornalista.

d) Releia o texto 2. Nele é possível encontrar palavras ou trechos que demonstrem a opinião do autor sobre o passeio? Se sim, copie-os.

_____

_____

- Se sua resposta foi afirmativa, qual seria o objetivo do autor ao deixar transparecer a opinião dele?

_____

e) No texto 2, há uma frase interrogativa e exclamativa ao mesmo tempo. Copie-a abaixo.

_____

_____

- Que efeito o emprego desses dois sinais atribui à frase?

_____

_____

3. Transforme as frases seguintes em frases interrogativas. Use **por que** no início para fazer uma pergunta.

a) Ana desistiu de viajar nas férias.

_____

b) Lucas não esperou pela amiga.

_____

c) Ela ficou calada na festa.

_____

71

ORTOGRAFIA

Palavras com as, es, is, os ou us

1. Escreva o nome dos seres e objetos representados pelas imagens.

a) _____

b) _____

c) _____

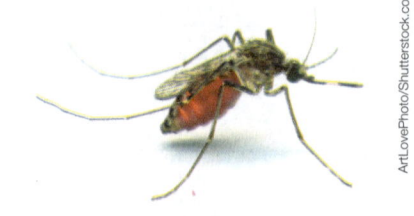

d) _____

e) _____

f) _____

2. Separe as sílabas das palavras. Depois, leia em voz alta cada uma delas e classifique-as quanto à posição da tônica (oxítona, paroxítona ou proparoxítona).

a) ônibus

b) lagosta

c) pastel

d) astronauta

e) músculo

f) cuscuz

g) assustado

h) motorista

3. Leia o conto africano a seguir.

Por que a cobra muda de pele?

No princípio a morte não existia. A morte vivia com Deus, e Deus não queria que a morte entrasse no mundo. Mas a morte tanto pediu que Deus acabou concordando em deixá-la partir. Ao mesmo tempo fez Deus uma promessa ao homem: apesar de a morte ter recebido permissão para entrar no mundo, o homem não morreria. Além disso, Deus prometeu enviar ao homem peles novas, que ele e sua família poderiam vestir quando seus corpos envelhecessem.

Pôs Deus as peles novas num cesto e pediu ao cachorro para levá-las ao homem e sua família. No caminho, o cachorro começou a sentir fome. Felizmente, encontrou outros animais que estavam dando uma festa. Muito satisfeito com sua boa sorte, pôde assim matar a fome. Depois de haver comido fartamente, dirigiu-se a uma sombra e deitou-se para descansar. Então, a esperta cobra aproximou-se dele e perguntou o que é que havia no cesto. O cachorro lhe disse o que havia no cesto e por que o estava levando para o homem. Minutos depois o cachorro caiu no sono. Então a cobra, que ficara por perto a espreitá-lo, apanhou o cesto de peles novas e fugiu silenciosamente para o bosque.

Ao despertar, vendo que a cobra lhe roubara o cesto de peles, o cachorro correu até o homem e contou-lhe o que acontecera. O homem dirigiu-se a Deus e contou-lhe o ocorrido, exigindo que ele obrigasse a cobra a devolver-lhe as peles. Deus, porém, respondeu que não tomaria as peles da cobra, e por isso o homem passou a ter um ódio mortal à cobra, e sempre que a vê procura matá-la. A cobra, por seu turno, sempre evitou o homem e sempre viveu sozinha. E, como ainda possui o cesto de peles fornecido por Deus, pode trocar a pele velha por outra nova.

Margaret Carey. *Contos e lendas da África*. Tradução: Antônio de Pádua Danesi. São Paulo: Melhoramentos, 1981. (Série Prisma).

O conto que você leu é uma história que pertence à tradição oral de Serra Leoa, um país da África Ocidental. Como essa história foi transmitida de geração a geração, não tem um autor definido, sendo, por isso, classificada como **conto popular**.

a) Quais são os personagens do conto?

_____

b) Onde se passou a história?

_____

_____

c) Observe o quadro abaixo com algumas palavras do texto que contêm as letras **as**, **es**, **is**, **os**, **us**. Faça como no exemplo e busque no texto outras palavras com essas letras e copie-as na coluna correspondente.

as	es	is	os	us
novas	peles	animais	corpos	Deus
_____	_____	_____	_____	_____
_____	_____	_____	_____	_____
_____	_____	_____	_____	_____
_____	_____	_____	_____	_____
_____	_____	_____	_____	_____
_____	_____	_____	_____	_____
_____	_____	_____	_____	_____

4. Observe a capa de livro ao lado.

a) Quais são as informações presentes na capa?

_____

_____

_____

b) Descreva a ilustração da capa.

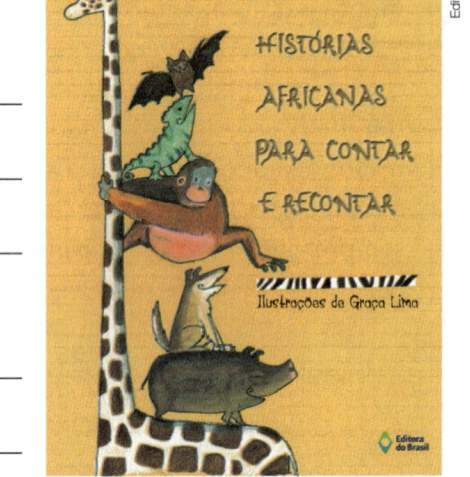

_____

_____

_____

c) Relacione a ilustração com o nome do livro.

_____

_____

d) Observe as palavras a seguir, presentes na capa, e classifique-as quanto à sílaba tônica.

histórias   africanas

_____

CAPÍTULO 13

GRAMÁTICA

Sinônimos e antônimos

Leia o trecho e observe as palavras destacadas.

> Maracanã é o nome de um pássaro muito **bonito** que canta **belas** melodias ao amanhecer e ao pôr do sol. [...]

Daniel Munduruku. *Meu vô Apolinário*: um mergulho no rio da (minha) memória. São Paulo: Studio Nobel, 2005. p. 13.

As palavras **bonito** e **belas** têm significado parecido; elas são **sinônimas**.

> **Sinônimos** são palavras diferentes que têm significado semelhante, parecido.

Outros exemplos: carro – automóvel; certo – correto; perguntar – questionar.

Agora, observe as palavras destacadas a seguir.

> O canto do maracanã pode transformar um dia **triste** em um dia **feliz**.

As palavras **triste** e **feliz** têm significados contrários. Essas palavras são chamadas **antônimos**.

> **Antônimos** são palavras diferentes que têm significados contrários, opostos.

Outros exemplos: cheio – vazio; claro – escuro; animado – desanimado.

ATIVIDADES

1. Relacione as palavras sinônimas.

- A tranquilo — residir
- B auxílio — edifício
- C distante — aroma
- D morar — calmo
- E perfume — longe
- F prédio — ajuda

2. Preencha o diagrama com o antônimo das palavras do quadro.

1. mentira
2. grande
3. dia
4. escuro
5. sim
6. entrar
7. bom
8. fraco
9. limpo

3. Pesquise dois pares de sinônimos e dois pares de antônimos e escreva-os a seguir.

a) Sinônimos:

_____

_____

b) Antônimos:

_____

_____

4. Leia o poema a seguir.

Dentro de nós

Paz está dentro de nós,
Não precisa procurar,
Basta afrouxar os nós
E enxergar além do olhar.

Paz está no que comemos
E também no que falamos,
Paz está no que fazemos
E por onde caminhamos.

Paz não é ausência de guerra,
De tristeza, dor, nem grito:
Paz é a resolução
Pacífica de um conflito.

Então planto a paz em mim
Para a paz eu semear,
Pois meu corpo é um jardim
Para a paz frutificar.

César Obeid. *Poesias para a paz.* São Paulo: Editora do Brasil, 2016. p. 20.

a) Qual é o assunto do poema?

_____
_____

b) Escreva as palavras que rimam no poema.

_____
_____

c) Releia a quarta estrofe. Ao falar da paz, o eu lírico diz "meu corpo é um jardim". O que ele quis dizer com essa afirmação?

_____
_____
_____

5. Releia os versos a seguir.

> Paz não é **ausência** de guerra,
> De **tristeza**, dor, nem grito:

- Escreva um sinônimo e um antônimo para as duas palavras destacadas.

_____
_____
_____

ORTOGRAFIA

Palavras com x ou ch

1. Quando usar **x** ou **ch**? Existem algumas regras para o uso do **x** que podem ajudar nessa decisão. Pesquise essas regras em livros ou na internet e faça o que se pede. **Dica**: Não é necessário pesquisar as exceções.

a) Escreva no quadro as regras pesquisadas.

Regra 1	Regra 2	Regra 3	Regra 4
_____	_____	_____	_____
_____	_____	_____	_____
_____	_____	_____	_____

b) Agora, copie as palavras abaixo na coluna da regra correspondente.

> enxada   xavante   ameixa   mexerica   feixe   mexicano   queixa
> rouxinol   mexilhão   enxergar   caixa   enxaqueca   xará   xerife

Exemplos da regra 1	Exemplos da regra 2	Exemplos da regra 3	Exemplos da regra 4
_____	_____	_____	_____
_____	_____	_____	_____
_____	_____	_____	_____
_____	_____	_____	_____

2. Use as regras do quadro da atividade 1 para completar as palavras com **x** ou **ch** e, depois, separe as sílabas.

a) fe____adura _____

b) me____er _____

c) be____iga _____

d) ____oque _____

e) en____ugar _____

f) ____iqueiro _____

g) abai____o _____

h) ____uteira _____

i) en____ame _____

j) ____eio _____

k) abaca____i _____

l) ____ampu _____

3. Preencha o diagrama com o nome dos seres e objetos representados pelas imagens.

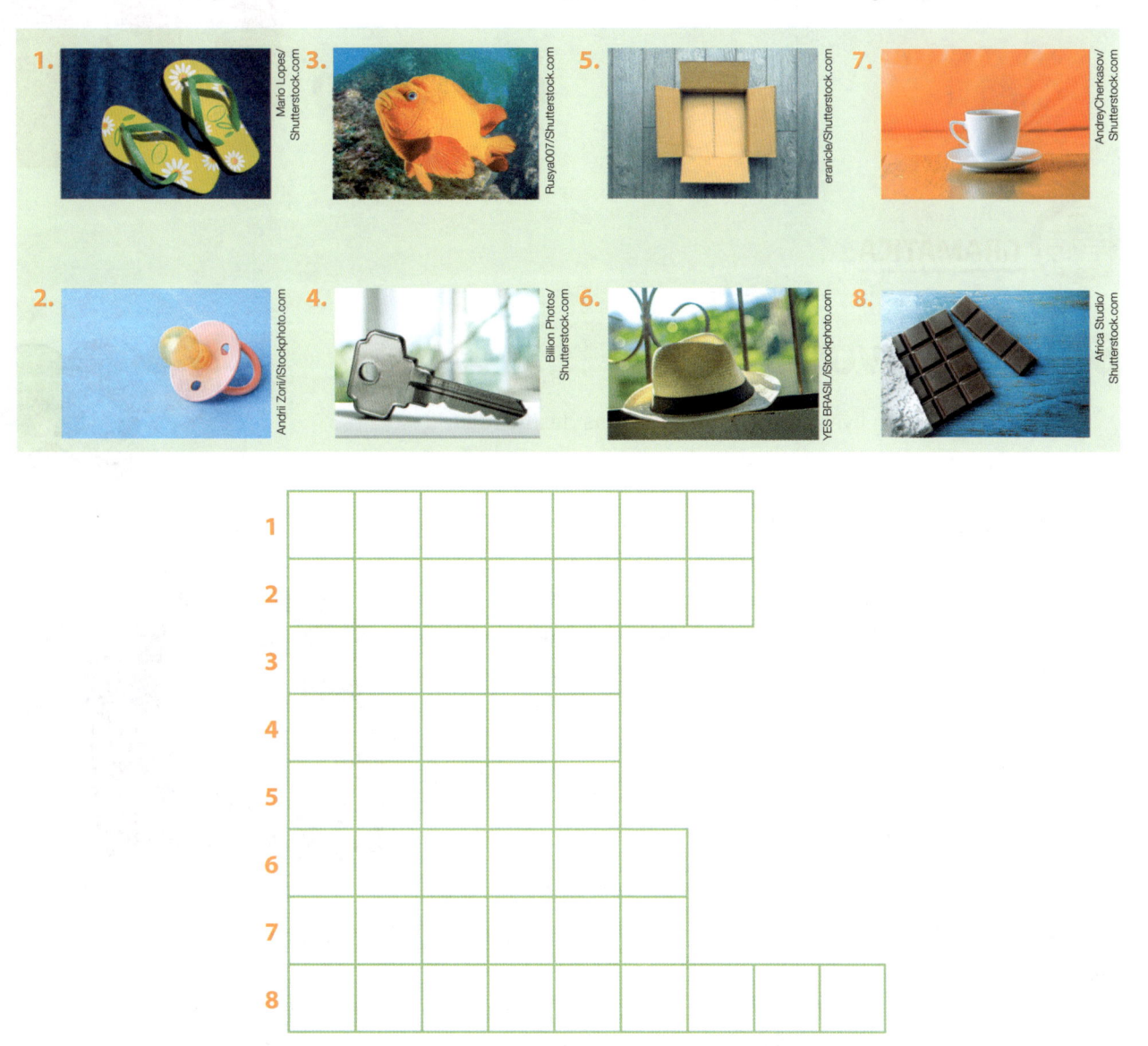

1.
2.
3.
4.
5.
6.
7.
8.

4. Complete as frases com as palavras do quadro.

faixa   cochilo   mochila   luxo   engraxou   mexericas

a) Claudia comprou _____ na feira.

b) A _____ estava muito pesada.

c) Papai _____ os sapatos para a festa.

d) Titia viajou para um hotel de _____.

e) O professor pendurou a _____ de boas-vindas.

f) Marta gosta de tirar um _____ depois do almoço.

CAPÍTULO 14

GRAMÁTICA

Substantivos I

Leia o trecho de um livro e observe as palavras destacadas.

> **Marion** era a **bailarina** do Grande Circo Onírico. Um **circo** cheio de brumas e de mistérios que passou em Pangolar – lugarzinho quase depois do **mundo**.
> Os mais antigos contam, com minúcias e **sentimentos**, o dia em que o Grande Circo amanheceu na **cidade** como num passe de **mágica**. Do mesmo jeito que sumiu, deixando apenas um vestígio com bagaços de brumas, lembrando um picadeiro e a passagem de um circo por ali.
> [...]

Fabiano dos Santos. *Marion e o Grande Circo Onírico*. São Paulo: Cortez, 2006. p. 6.

As palavras **Marion**, **bailarina**, **circo**, **mundo**, **sentimentos**, **cidade**, **mágica**, entre outras do texto, são **substantivos**.

> **Substantivo** é a palavra que dá nome às pessoas, aos animais, aos objetos, aos lugares, aos sentimentos e aos seres reais ou imaginários.

Os substantivos podem ser:

- próprios ou comuns
- simples ou compostos
- coletivos
- concretos ou abstratos
- primitivos ou derivados

Substantivos próprios

Substantivos próprios são aqueles que dão nome a um só ser da mesma espécie, que pode ser uma pessoa, um animal, um lugar, um livro, entre outros, distinguindo-os e tornando-os únicos.

Eles são sempre escritos com letra inicial maiúscula.

Exemplos: Fábio, Lilica, América Latina, *Sítio do Picapau Amarelo*.

Substantivos comuns

Substantivos comuns são aqueles que nomeiam, de forma genérica, objetos, sentimentos, frutas, flores, animais, entre outros seres do mesmo grupo ou da mesma espécie.

Exemplos: copo, bondade, maçã, violeta, gato.

Substantivos concretos

Substantivos concretos são aqueles que se referem aos seres e objetos propriamente ditos, ou seja, pessoas, animais, lugares, vegetais, entre outros.

Exemplos: avó, pote, cachorro, bairro, alface.

Substantivos abstratos

Substantivos abstratos são aqueles que se referem a qualidades, sentimentos ou estado dos seres.
Exemplos: alegria, saudade, imaginação, vida, beleza.

> **ATENÇÃO**
> Um mesmo substantivo pode ser comum e concreto, como **sanduíche**, ou pode ser comum e abstrato, como **alegria**.

ATIVIDADES

1. Classifique os substantivos em próprios ou comuns e concretos ou abstratos, conforme o modelo.

felicidade: substantivo comum e abstrato

a) garoto

___

b) esperteza

___

c) cadeira

___

d) Larissa

___

e) medo

___

2. Complete as frases com um substantivo próprio.

a) Eu me chamo _____

b) Moro na cidade _____

c) Estudo no(a) _____

3. Leia o trecho de um livro.

> [...]
> E assim ficamos, no corredor da tristeza, sentindo uma saudade sem tamanho, apreciando a luz filtrada pelas vidraças e pensando no mistério, na morte, no encantamento da vida.
> De repente, vô Quinho abriu a porta e nos pediu com suavidade:
> — Sofia e Filó, leiam de novo o poema da escada transparente.
> [...]
>
> César Obeid e Jonas Ribeiro. *A escada transparente*. São Paulo: Editora do Brasil, 2013. p. 10.

- Agora, observe as palavras retiradas do trecho e assinale a alternativa correta.

a) **tristeza**
- [ ] substantivo próprio e abstrato
- [ ] substantivo comum e abstrato
- [ ] substantivo comum e concreto

b) **Filó**
- [ ] substantivo próprio e concreto
- [ ] substantivo comum e abstrato
- [ ] substantivo próprio e abstrato

c) **vidraça**
- [ ] substantivo próprio e abstrato
- [ ] substantivo comum e abstrato
- [ ] substantivo comum e concreto

d) **saudade**
- [ ] substantivo próprio e concreto
- [ ] substantivo comum e abstrato
- [ ] substantivo próprio e abstrato

4. Complete o quadro com outros substantivos retirados do texto da atividade 3.

Dois substantivos próprios	Dois substantivos comuns e abstratos	Dois substantivos comuns e concretos

5. Leia este verbete de enciclopédia.

O leão é o segundo maior membro da família dos felinos, à qual pertencem também o gato e o tigre (o tigre é o maior felino). Ele vive em regiões da África e da Índia, e seu rugido é um dos sons mais assustadores que se ouvem nas savanas.

Leão. *In*: BRITANNICA ESCOLA. Chicago: Britannica Digital Learning, c2022.

a) Encontre no texto quatro substantivos comuns e concretos e escreva-os abaixo.

_____

b) Encontre no texto dois substantivos próprios e concretos e escreva-os abaixo.

_____

6. Leia o texto a seguir.

Em abril existem duas datas importantes para alguns brasileiros: o dia 21, morte de Tiradentes – que lutou pela independência do Brasil –, considerado herói nacional; e o dia 22 – que foi quando o primeiro europeu pisou em terras brasileiras. E que tal falar um pouco de uma espécie, que hoje é muito rara, mas que era encontrada aos montes há séculos, quando aconteceram esses fatos: o pau-brasil!
Você sabia que essa árvore é protegida por lei e não pode mais ser cortada das florestas? [...]

Brasileirinha. *Ciência Hoje das Crianças*, Rio de Janeiro, 24 abr. 2017. Disponível em: http://chc.org.br/brasileirinha/. Acesso em: 25 abr. 2022.

- Agora, ligue os substantivos abaixo à classificação correspondente.

pau-brasil	próprio, concreto
independência	comum, concreto
Brasil	comum, abstrato

83

ORTOGRAFIA

Palavras com l ou u

1. Complete as palavras com **al**, **el**, **il**, **ol** ou **ul** e, depois, separe as sílabas.

a) ____tura _____

b) tún____ _____

c) c____tura _____

d) f____magem _____

e) futeb____ _____

f) pain____ _____

g) p____pa _____

h) ____fabeto _____

2. Complete as palavras com **l** ou **u**.

a) a____tomóvel

b) ane____

c) o____vido

d) cafeza____

e) sa____dade

f) anua____

g) astrona____ta

h) carnava____

i) curra____

j) a____tor

k) ca____ma

l) fla____ta

3. Complete as frases com as palavras do quadro abaixo.

| abriu | calda | abril | cauda |

a) O cachorro está com a _____ balançando de felicidade.

b) Em _____, Alice completará nove anos de idade.

c) João _____ o pacote de balas e distribuiu para a turma.

d) Gosto de sorvete com _____ de chocolate.

4. Leia a fábula e complete as palavras com **l** ou **u**.

O galo e a raposa

O galo cacarejava em cima de uma árvore. Vendo-o ali, a raposa tratou de bolar uma estratégia para que ele descesse e fosse o prato principa____ de seu a____moço.

— Você já ficou sabendo da grande novidade, galo? — pergunto____ a raposa.

— Não. Que novidade é essa?

— Acaba de ser assinada uma proclamação de paz entre todos os bichos da terra, da água e do ar. De hoje em diante, ninguém persegue mais ninguém. No reino anima____ haverá apenas paz, harmonia e amor.

— Isso parece inacreditáve____! — comento____ o galo.

— Vamos, desça da árvore que eu lhe darei mais detalhes sobre o assunto — disse a raposa.

O galo, que de bobo não tinha nada, desconfio____ [de] que tudo não passava de um estratagema da raposa. Então, fingi____ estar vendo a____guém se aproximando.

— Quem vem lá? Quem vem lá? — perguntou a raposa curiosa.

— Uma matilha de cães de caça — responde____ o galo.

— Bem... nesse caso é melhor eu me apressar — desculpou-se a raposa.

— O que é isso, raposa? Você está com medo? Se a ta____ proclamação está mesmo em vigor, não há nada a temer. Os cães de caça não vão atacá-la como costumavam fazer.

— Ta____vez eles ainda não saibam da proclamação. Adeusinho!

E lá se foi a raposa, com toda a pressa, em busca de uma o____tra presa para o seu a____moço.

Moral da história: É preciso ter cuidado com amizades repentinas.

Russell Ash e Bernard Hington. *Fábulas de Esopo*. São Paulo: Companhia das Letrinhas, 1994.

a) Quem são os personagens dessa fábula?
_____

b) Quais são as características de cada personagem?
_____

As **fábulas** são textos curtos cujos personagens, geralmente animais, têm características humanas, como falsidade, esperteza, bondade, entre outras. As fábulas, no final, quase sempre apresentam uma moral, um ensinamento.

c) Releia o trecho a seguir.

O galo, que de bobo não tinha nada, desconfiou [de] que tudo não passava de um **estratagema** da raposa.

• Consulte a palavra destacada em um dicionário e copie o significado que melhor se adapta à história.
_____
_____

• Há outra palavra do texto que possui o mesmo sentido de **estratagema**. Copie a frase em que essa palavra está inserida.
_____
_____

CAPÍTULO 15

GRAMÁTICA

Substantivos II

Substantivos simples e compostos

Leia os substantivos.

flor   beija-flor

A palavra **flor** é um substantivo simples. A palavra **beija-flor** é um substantivo composto.

Substantivos simples são aqueles formados por uma só palavra, como **roda**, **Sol**, **tempo**.

Substantivos compostos são aqueles formados por mais de uma palavra, ligadas ou não por hífen, como **roda-gigante**, **guarda-sol**, **passatempo**.

Substantivos primitivos e derivados

Leia a frase.

Marina comprou o **livro** na **livraria**.

A palavra **livro** é um **substantivo primitivo**. A palavra **livraria** é um **substantivo derivado**.

Substantivos primitivos são aqueles que dão origem a outros substantivos.

Exemplos: pedra, arte, gelo.

Substantivos derivados são aqueles formados a partir de substantivos primitivos.

Exemplos: pedreira, pedreiro (de pedra); artista, artesanato (de arte); gelado, geladeira (de gelo).

ATIVIDADES

1. Complete as palavras formando substantivos compostos.

a)  _____-doce

b)  _____-viva

c)  _____-quente

d)  _____-lume

e)  _____-russa

f)  _____-íris

2. Circule a palavra intrusa de cada conjunto.

a) papelaria – papelão – papel – papelada

b) laranjeira – laranja – laranjal – laranjada

c) dente – dentada – dentuço – dentista

d) chuveiro – chuvisco – chuvarada – chuva

• Agora, justifique sua escolha completando a frase explicativa.

As palavras intrusas são substantivos _____, enquanto todas as outras são substantivos _____.

3. Agora, observe o cartaz de uma campanha de conscientização.

Não deixe que o lixo se torne um problema em sua vida.

Lixo tem lugar certo.

☑ Não jogue lixo na rua.
☑ Não faça de terrenos lixões.
☑ Coloque o lixo em sacos plásticos.
☑ Respeite o horário de coleta.

Campanha da Prefeitura de Rio Novo do Sul (Espírito Santo), abr. 2018.

a) Qual é a finalidade do cartaz acima?

_____

b) A quem esse cartaz se dirige?

_____

c) O cartaz dá quatro dicas para o descarte correto do lixo. Segundo essas dicas, onde o lixo **não** deve ser colocado?

_____

d) Qual é a frase de maior destaque no cartaz?

_____

• Por que ela foi escolhida para ser a mais importante?

_____
_____

4. Leia esta frase:

Lixo tem lugar certo.

• Qual alternativa apresenta o substantivo derivado de **lixo** que corresponde ao "lugar certo" ao qual a frase se refere?

☐ lixeiro   ☐ lixeira   ☐ lixões

5. Copie do cartaz um substantivo primitivo e o derivado dele.

_____

ORTOGRAFIA

Palavras com o, ou, u

1. Complete as palavras com **o**, **ou** ou **u**. Depois, organize-as na tabela.

a) d_____rado

b) b_____ato

c) tab_____ada

d) escap_____lir

e) ab_____lir

f) l_____ça

g) trib_____

h) _____ro

i) l_____gar

j) c_____ve

k) rat_____eira

l) marip_____sa

m) m_____ralha

n) s_____bida

o) est_____rar

Palavras com O	Palavras com OU	Palavras com U

2. Ordene as sílabas e escreva as palavras formadas.

a) to | dou | ra _____

b) ei | bu | ro _____

c) ra | vas | sou _____

d) vir | ou _____

e) go | a | la _____

f) sir | tos _____

g) ro | cou _____

h) ra | to | ra | ei _____

i) tou | es | ro _____

j) pir | tu | en _____

3. Leia a fábula e complete as palavras com **ou**, **o** ou **u**.

A formiga e o grão de trigo

D___rante a colheita, um grão de trigo caiu no solo. Ali ele esper___ que a chuva o enterrasse.

Então surgiu uma formiga que começou a arrastá-lo para o formigueir___.

— Mas precisamos de você no formigueiro — disse a formiga — se não tivermos você para nos alimentar, vamos morrer de fome no invern___.

— Mas eu s___ uma semente viva — reclamou o trigo. — Não fui feito para ser comido. E ___ devo ser enterrado no solo para que uma nova planta possa crescer a partir de mim.

— Talvez — disse a formiga —, mas isso é muito complicad___ para mim. E continuou a arrastar o trigo.

— Ei, espere — disse o trigo. Tive uma ideia. Vamos fazer um acordo!

— Um acordo? — pergunt___ a formiga.

— Isso mesmo. Você me deixa no campo e, no ano que vem, eu lhe dou cem grãos.

— Você está brincando — disse a formiga, descrente.

— Não, eu lhe pr___meto cem grãos iguais a mim no próxim___ ano.

— Cem grãos de trigo para desistir de apenas um? — disse a formiga, desconfiada. — Como você vai fazer isso?

— Não me pergunte – respondeu o trigo —, é um mistério que não sei explicar. Confie em mim.

— Eu confio em você — disse a formiga, que deixou o grão de trigo em seu l___gar.

E, no ano seguinte, quando a formiga volt___, o trigo tinha mantido sua promessa.

Fábulas do mundo todo: Esopo, Leonardo da Vinci, Andersen, Tolstoi e muitos outros. São Paulo: Melhoramentos, 2004.

a) Quem são os personagens da fábula?

_____

b) Quais são as três principais características de cada personagem?

_____

_____

c) Assinale a alternativa que indica a moral dessa fábula.

☐ Quem avisa amigo é.

☐ A paciência e a confiança serão sempre compensadas.

☐ É melhor seguir sozinho do que mal acompanhado.

d) Numere os acontecimentos da fábula conforme a ordem que eles acontecem.

☐ A formiga, descrente, desconfiou da proposta do trigo e perguntou como ele faria isso.

☐ Durante a colheita, um grão de trigo caiu no solo e esperou que a chuva o enterrasse.

☐ O trigo teve uma ideia e sugeriu que ele e a formiga fizessem um acordo: se ela o deixasse no campo, no ano seguinte ele lhe daria cem grãos.

☐ No ano seguinte, quando a formiga voltou, confirmou que o trigo havia mantido sua promessa.

☐ A formiga encontrou o grão de trigo no solo e começou a arrastá-lo para o formigueiro.

☐ O trigo reclamou que era uma semente viva e não foi feito para ser comido, mas, sim, enterrado no solo para que uma nova planta crescesse a partir dele.

☐ A formiga aceitou confiar no trigo e o deixou em seu lugar sobre o solo.

☐ O trigo disse que esse mistério ele não saberia explicar, pedindo à formiga que confiasse nele.

☐ A formiga disse ao trigo que achava complicada a sua explicação sobre por que ele deveria ficar no solo em vez de ser comido e continuou a arrastá-lo para o formigueiro.

☐ No ano seguinte, a formiga voltou e viu que o trigo havia cumprido sua promessa.

4. Organize, no quadro a seguir, as palavras que você completou na fábula.

Palavras com O	Palavras com U	Palavras com OU

CAPÍTULO 16

GRAMÁTICA

Substantivos III
Substantivos coletivos

Leia o trecho a seguir.

> [...]
> Quando Mowgli desceu da Rocha do Conselho rumo ao vilarejo mais próximo, ocorreu-lhe que fizera alguns inimigos na **alcateia**. Achou melhor não parar ali, mas continuar o seu caminho.
> [...]
>
> Rudyard Kipling. *O livro da selva*: as histórias de Mowgli. São Paulo: Berlendis & Vertecchia, 2007. p. 34.

Mowgli acredita que fez alguns inimigos na **alcateia**.

A palavra **alcateia** é um substantivo comum, concreto e coletivo, pois está no singular e indica um conjunto de seres da mesma espécie, nesse caso, lobos.

> **Substantivo coletivo** é toda palavra que, no singular, indica um conjunto ou grupo de seres ou objetos da mesma espécie.

Veja alguns substantivos coletivos no quadro abaixo.

arquipélago → de ilhas	**manada** → de elefantes
atlas → de mapas	**matilha** → de cães
batalhão → de soldados	**orquestra/banda** → de músicos
boiada → de bois	**pinacoteca** → de quadros
cardume → de peixes	**rebanho** → de ovelhas, carneiros
constelação → de estrelas	**resma** → de papel
enxame → de abelhas	**vocabulário** → de palavras

Também são coletivos:

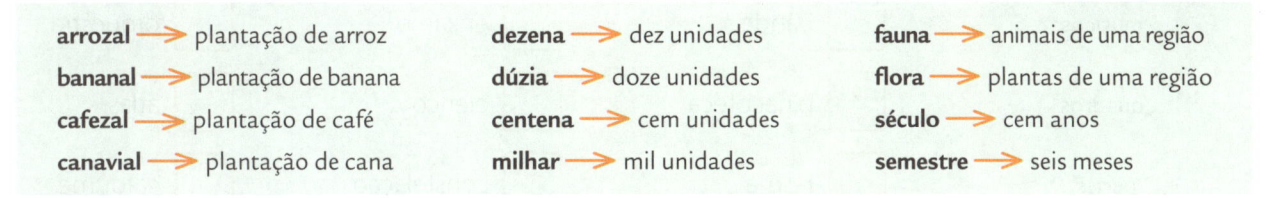

arrozal → plantação de arroz	**dezena** → dez unidades	**fauna** → animais de uma região
bananal → plantação de banana	**dúzia** → doze unidades	**flora** → plantas de uma região
cafezal → plantação de café	**centena** → cem unidades	**século** → cem anos
canavial → plantação de cana	**milhar** → mil unidades	**semestre** → seis meses

ATIVIDADES

1. Reescreva as frases substituindo as palavras em destaque por substantivos coletivos.

a) O fazendeiro visitou a **plantação de cana**.

_____

b) A tempestade chega amanhã ao **conjunto de ilhas**.

_____

c) **Os marinheiros** estão com saudade de casa.

_____

d) O curso de piano de Lucas durou **doze meses**.

_____

2. Observe os seres representados pelas imagens e escreva os substantivos coletivos correspondentes..

a)

c)

e)

b)

d)

f)

3. Assinale o coletivo adequado de cada palavra.

a) músicos — ☐ bando ☐ enxame ☐ orquestra

b) quadros — ☐ pinacoteca ☐ elenco ☐ atlas

c) peixes — ☐ resma ☐ constelação ☐ cardume

4. Leia a notícia a seguir.

ATAQUE DE ABELHAS NO CENTRO DE FORTALEZA DEIXA SETE PESSOAS FERIDAS

Elevação da temperatura e "barulho" da região teriam deixado animais agressivos, segundo Corpo de Bombeiros

Um ataque de abelhas na Praça da Igreja do Carmo, no Centro de Fortaleza, deixou sete pessoas feridas entre a noite de sexta-feira (30) e este sábado (31). A ocorrência foi registrada pelo Corpo de Bombeiros Militar. [...].

De acordo com o Major Daniel Landim, comandante da 1ª Cia. de Busca e Salvamento, a corporação foi acionada na sexta para fazer o reconhecimento do animal e foi constatado que se tratava de abelha africanizada, uma espécie modificada geneticamente, de DNA mais agressivo.

"Foi verificada a existência da colmeia, mas as abelhas estavam calmas e reunidas num local só. Porém, hoje no período da manhã, por conta da elevação da temperatura e bastante barulho no local, elas ficaram mais agitadas, chegando a atacar as pessoas", explica o Major.

O comandante explica que os animais podem ter de ser sacrificados. "Na ação, os bombeiros fazem de tudo pra que não chegue ao ponto de precisar exterminar, pois se trata de um crime ambiental, mas infelizmente quando esse enxame vem causar danos à vida, temos que fazer o extermínio para preservar a vida humana", relata o Major Landim sobre a retirada das abelhas, que deve acontecer na noite deste sábado.

O sacristão da Igreja do Carmo, João Marcos Rodrigues, conta que as abelhas vivem há alguns anos em um poste desativado próximo ao local e que a quantidade tem aumentado com o passar do tempo.

[...]

Ataque de abelhas no Centro de Fortaleza [...]. *G1 Ceará*, Fortaleza, 31 out. 2020. Disponível em: https://g1.globo.com/ce/ceara/noticia/2020/10/31/ataque-de-abelhas-no-centro-de-fortaleza-deixa-sete-pessoas-feridas.ghtml. Acesso em: 14 jul. 2022.

a) Qual é a fonte da notícia?

_____

b) Pelo título, é possível descobrir o assunto da notícia. O pequeno texto (subtítulo) que aparece abaixo do título tem qual função? Assinale a resposta certa.

☐ Ressaltar as informações apresentadas no título.

☐ Complementar as informações apresentadas no título.

☐ Despertar dúvidas em relação ao que foi informado no título.

c) Releia a notícia e escreva as informações solicitadas a seguir.

O que aconteceu?	
Quem participou do acontecimento?	
Quando aconteceu?	
Onde aconteceu?	
Como aconteceu?	
Por que aconteceu?	

5. Releia o trecho a seguir.

> "[...] infelizmente quando esse **enxame** vem causar danos à vida, temos que fazer o extermínio para preservar a vida humana."

- Como foi visto anteriormente, a palavra **enxame** é um substantivo que indica um conjunto de abelhas. Localize na notícia outra palavra com o mesmo significado e escreva-a abaixo.

_____

ORTOGRAFIA

Palavras com r brando

> O **r** entre vogais representa o som brando, som fraco.

1. Separe as sílabas das palavras a seguir.

a) paraíso _____

b) carinho _____

c) camarão _____

d) goleiro _____

e) motorista _____

f) marinheiro _____

2. Leia as alternativas em voz alta e complete as frases com as palavras que apresentam **r** brando.

a) ☐ frutas   ☐ verduras   ☐ macarrão

Gosto muito de comer _____.

b) ☐ carro   ☐ brinquedo   ☐ chaveiro

Otávio comprou um novo _____.

c) ☐ Maragogi   ☐ Gramado   ☐ Rondônia

Rafaela viajou para _____.

3. Escreva o nome dos seres e objetos representados pelas imagens a seguir.

a) _____

b) _____

c) _____

d) _____

4. Leia a notícia a seguir.

UMA AJUDA DOS URUBUS

Para muitos de nós, os urubus sinalizam mau agouro ou – diz a tradição! – que vai chover no dia seguinte. Mas cientistas da Universidade Nacional Maior de San Marcos, no Peru, veem nesses animais possíveis aliados na fiscalização do despejo clandestino de lixo. Por isso, têm utilizado os urubus para localizar lixões na cidade de Lima, capital do país.

O projeto está baseado numa característica do comportamento dessas aves: para buscar alimento nas grandes cidades, elas costumam se aproximar de regiões onde há muito lixo acumulado. Essa foi uma forma de os urubus se adaptarem ao ambiente urbano, conta o biólogo Weber Novaes, da WGN Consultoria Ambiental. "Na natureza, os urubus se alimentam de matéria orgânica em decomposição, e o lixo que o ser humano produz acaba se tornando algo próximo disso em seu novo habitat", justifica.

Equipados com câmeras e aparelhos de GPS, urubus-de-cabeça-preta voam até 200 quilômetros por dia e ajudam cientistas de Lima a encontrar lixões.

Outro fator importante para a escolha desses animais foi a grande distância percorrida em seus voos diários. "Sem bater asas, por se aproveitar das correntes de ar, o urubu pode voar até 200 quilômetros por dia e nem gasta muita energia", afirma Weber. São os ajudantes de que os cientistas estavam precisando!

Os pesquisadores decidiram, então, equipar urubus-de-cabeça-preta (Coragyps atratus), comuns na região, com câmeras e aparelhos de GPS. Quando eles voam atrás de comida, os pesquisadores observam as imagens captadas pela câmera e usam o GPS para localizar o ponto da cidade onde existe acúmulo de lixo.

A campanha recebeu o nome de Gallinazo Avisa (que quer dizer "Urubu Avisa", em espanhol) e tem como objetivo, além de localizar os lixões, conscientizar os moradores sobre como o despejo incorreto do lixo pode causar danos ambientais e à saúde da população.

No Brasil, segundo Weber, poucos pesquisadores estudam os urubus. Mas conhecer a fundo esses animais poderia ser muito útil! O cientista contou à CHC que entender melhor a movimentação das aves nas cidades poderia evitar uma série de acidentes nos aeroportos brasileiros.

Uma ajuda dos urubus. *Ciência Hoje das Crianças*, Rio de Janeiro, 26 fev. 2016. Disponível em: http://chc.org.br/uma-ajuda-dos-urubus/. Acesso em: 14 jul. 2022.

a) Onde o texto foi publicado?

_____

b) Pela fonte da notícia, é possível identificar o público-alvo dessa publicação? Se sim, qual seria?

_____

c) Releia o trecho a seguir.

> [...] cientistas da Universidade Nacional Maior de San Marcos, no Peru, veem nesses animais possíveis aliados na fiscalização do despejo clandestino de lixo. Por isso, têm utilizado os urubus para localizar lixões na cidade de Lima, capital do país.

- De que modo os cientistas da universidade peruana utilizam os urubus para localizar lixões na cidade de Lima?

_____

_____

_____

d) Releia este trecho.

> "Sem bater asas, por se aproveitar das correntes de ar, o urubu pode voar até 200 quilômetros por dia e nem gasta muita energia [...]"

- Esse trecho, entre aspas, reproduz a fala de um especialista no assunto. Qual é o seu nome, profissão e em qual local trabalha?

_____

- Qual é a importância de se incluir falas de especialistas em um texto jornalístico?

_____

_____

5. Na palavra **urubu**, o **r** tem som fraco. Copie do texto cinco palavras que tenham o **r** fraco entre vogais e escreva-as nas linhas abaixo.

_____

_____

_____

_____

CAPÍTULO 17

GRAMÁTICA

Gênero do substantivo

Leia o verbete de dicionário.

> **amigo, ga** <a.mi.go, ga> **substantivo.** Pessoa por quem temos carinho e com quem mantemos uma relação de confiança.

AMIGO. *In:* DICIONÁRIO Didático Básico de Língua Portuguesa. Ensino Fundamental I. São Paulo: Edições SM, 2011. p. 39.

O substantivo **amigo** pode ser do gênero masculino ou feminino. Observe:

amigo → amiga

A palavra **amigo** é um **substantivo masculino**. Antes dos substantivos masculinos podemos usar **o**, **os**, **um**, **uns**.

A palavra **amiga** é um **substantivo feminino**. Antes dos substantivos femininos podemos usar **a**, **as**, **uma**, **umas**.

Formação do feminino

Dependendo do substantivo, podemos formar o feminino de diferentes modos:

- Trocando a terminação **o** pela terminação **a**.

  bonec**o** → bonec**a**
  menin**o** → menin**a**
  prim**o** → prim**a**

- Trocando o artigo que antecede o substantivo.

  o chefe → **a** chefe
  o colega → **a** colega
  o jovem → **a** jovem

- Usando palavras diferentes para o gênero masculino e para o gênero feminino.

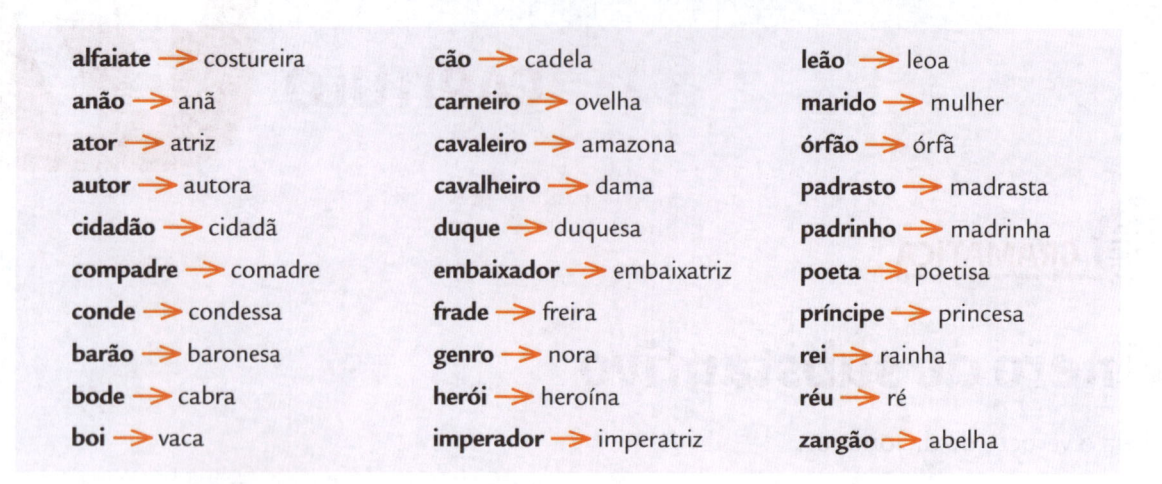

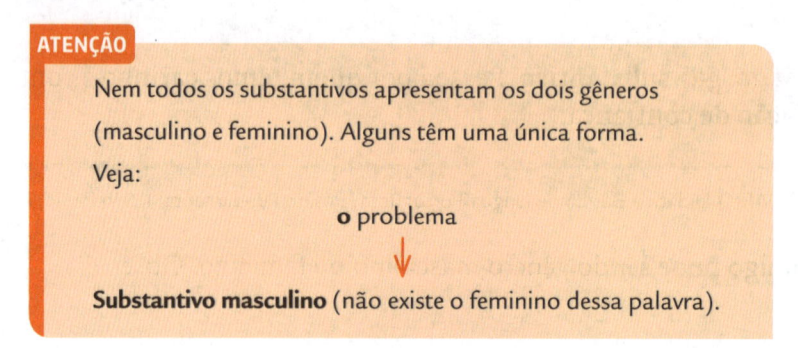

alfaiate → costureira	**cão** → cadela	**leão** → leoa
anão → anã	**carneiro** → ovelha	**marido** → mulher
ator → atriz	**cavaleiro** → amazona	**órfão** → órfã
autor → autora	**cavalheiro** → dama	**padrasto** → madrasta
cidadão → cidadã	**duque** → duquesa	**padrinho** → madrinha
compadre → comadre	**embaixador** → embaixatriz	**poeta** → poetisa
conde → condessa	**frade** → freira	**príncipe** → princesa
barão → baronesa	**genro** → nora	**rei** → rainha
bode → cabra	**herói** → heroína	**réu** → ré
boi → vaca	**imperador** → imperatriz	**zangão** → abelha

ATENÇÃO

Nem todos os substantivos apresentam os dois gêneros (masculino e feminino). Alguns têm uma única forma.
Veja:

o problema
↓
Substantivo masculino (não existe o feminino dessa palavra).

ATIVIDADES

1. Escreva o nome do que está representado nas imagens e classifique com **F** os **substantivos femininos** e com **M** os **substantivos masculinos**.

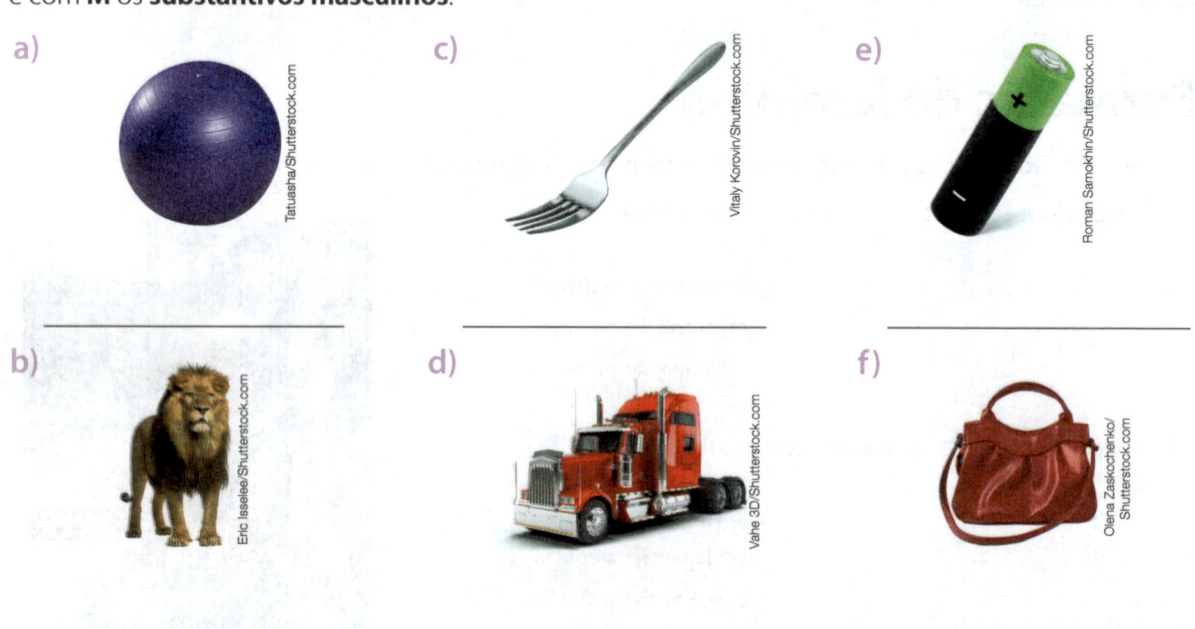

a)

b)

c)

d)

e)

f)

100

2. Reescreva as frases passando para o masculino as palavras destacadas e fazendo os ajustes necessários.

a) A **ovelha** e a **égua** fugiram do pasto.
_____

b) A **atriz** e a **autora** são **heroínas**.
_____

c) A **madrasta** é **nora** da **zeladora**.
_____

d) A **freira** é **sobrinha** da **princesa**.
_____

e) Aquela **cantora** é **prima** da **embaixatriz**.
_____

f) A **poetisa** escreveu um poema para a **rainha**.
_____

g) A **costureira** da **dama** era a melhor da cidade.
_____

3. Circule no diagrama os substantivos masculinos referentes às palavras do quadro.

freira	condessa	abelha	costureira
anã	madrinha	princesa	poetisa

A	Q	Z	A	N	G	Ã	O	J	D	P	R	D	F	P	R
L	K	G	P	H	T	F	R	A	D	E	H	R	R	A	H
F	G	T	M	R	C	S	U	H	P	F	J	D	K	D	U
A	M	D	P	R	P	R	Í	N	C	I	P	E	B	R	W
I	X	Z	A	M	O	O	S	N	Z	N	Y	U	U	I	G
A	A	K	N	X	E	N	C	O	N	D	E	W	H	N	C
T	A	S	Ã	I	T	M	X	O	I	W	Ç	I	W	H	P
E	D	A	O	C	A	J	L	A	T	Y	Q	G	Z	O	S

4. Observe o gráfico, que mostra o uso da internet no Brasil por faixa de idade, em 2018.

Internautas brasileiros por idade – 2018

Internautas brasileiros por idade

- Entre 10 e 17 anos de idade: 20 milhões
- Entre 18 e 24 anos de idade: 20,5 milhões
- Entre 25 e 39 anos de idade: 41,9 milhões
- Entre 40 e 59 anos de idade: 40,7 milhões
- Acima de 60 anos de idade: 12,8 milhões

Zeni Santos

Daniel Silveira. Em 2018, quase 46 milhões de brasileiros ainda não tinham acesso à internet [...]. *G1*, Rio de Janeiro, 26 abr. 2022. Disponível em: https://g1.globo.com/economia/tecnologia/noticia/2020/04/29/em-2018-quase-46-milhoes-de-brasileiros-ainda-nao-tinham-acesso-a-internet-aponta-ibge.ghtml. Acesso em: 26 abr. 2022.

- Com base nos dados apresentados no gráfico, responda:

a) Qual é a faixa de idade que menos usa a internet?

_____

b) Qual é a faixa de idade que mais utiliza a internet?

_____

c) Qual é o número de pessoas entre 10 e 24 anos que usam a internet?

_____

d) Numere os grupos de 1 a 5 – do menor para o maior – de acordo com a quantidade de pessoas que usam a internet (1 deve ser o grupo com menos pessoas e 5 o grupo com mais pessoas usuárias).

☐ Entre 10 e 17 anos.   ☐ Acima de 60 anos.   ☐ Entre 25 e 39 anos.

☐ Entre 40 e 59 anos.   ☐ Entre 18 e 24 anos.

5. Escreva **o internauta** no feminino. Depois, explique que regra usou para fazer essa mudança.

_____

_____

- Sublinhe a seguir as palavras que seguem a mesma regra que **internauta** para a formação do masculino e feminino.

| barão | dentista | elefante | cliente | advogado |
| pianista | marido | estudante | padrinho | indígena |

6. O gráfico seguinte apresenta os dispositivos preferidos pelos usuários para acessar a internet no período entre 2014 e 2018.

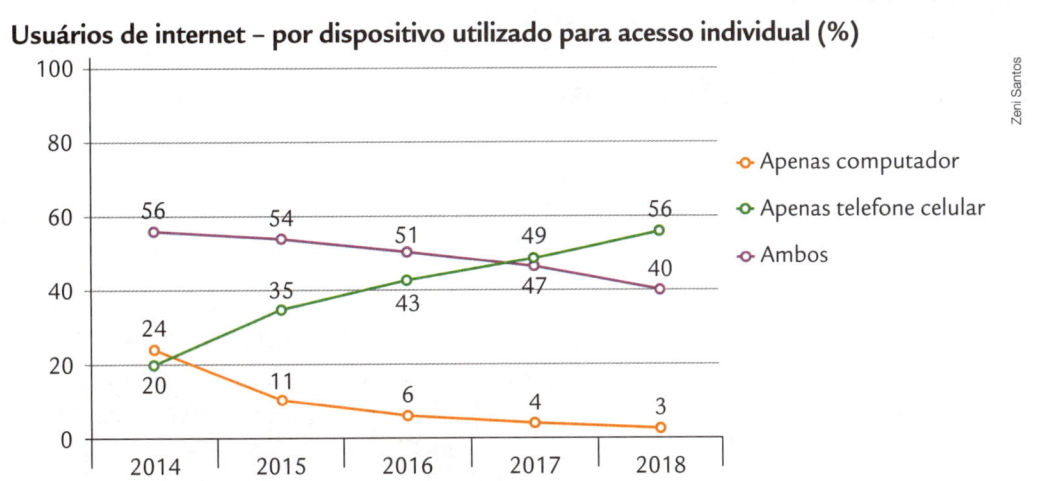

Usuários de internet – por dispositivo utilizado para acesso individual (%)

- Apenas computador
- Apenas telefone celular
- Ambos

Ano	Apenas computador	Apenas telefone celular	Ambos
2014	24	20	56
2015	11	35	54
2016	6	43	51
2017	4	47	49
2018	3	56	40

Fernando Paiva. 71 milhões de brasileiros acessam a internet somente pelo celular. *Mobile Time*, [São Paulo], 28 ago. 2019. Disponível em: https://www.mobiletime.com.br/noticias/28/08/2019/71-milhoes-de-brasileiros-acessam-a-internet-somente-pelo-celular/. Acesso em: 26 abr. 2022.

a) Em 2014, qual(is) era(m) o(s) dispositivo(s) mais utilizado(s) pelas pessoas para acesso à internet?

_____

b) Qual era a porcentagem de pessoas que usavam esse(s) dispositivo(s) em 2014?

_____

c) Observe a linha laranja do gráfico, correspondente ao número de usuários que utilizavam somente o computador para acessar a internet.
- O que aconteceu com esse número de pessoas de 2014 a 2018?

_____

d) Observe a linha roxa do gráfico, referente ao número de usuários que utilizavam igualmente os dois dispositivos para acessar a internet: computador e celular.
- O que aconteceu com esse número de pessoas de 2014 a 2018?

_____

e) Agora, observe a linha verde do gráfico, correspondente ao número de usuários que utilizavam somente o celular para acessar a internet.
- O que ocorreu com esse número de pessoas de 2014 a 2018?

_____

7. Escreva a palavra **usuário** no feminino. _____
- Circule as palavras do quadro que seguem a mesma regra de **usuário** na formação do masculino e feminino.

bicicleta	pato	genro	filho	carneiro
esposo	colega	gato	padrinho	tio

ORTOGRAFIA

Palavras com c ou ç

1. O Estatuto da Criança e do Adolescente (ECA), instituído no Brasil pela Lei nº 8.069, em 13 de julho de 1990, é um conjunto de normas jurídicas que protegem a criança e o adolescente. Leia a seguir dois artigos do ECA.

> **Art. 4º.** É dever da família, da comunidade, da sociedade em geral e do poder público assegurar, com absoluta prioridade, a efetivação dos direitos referentes à vida, à saúde, à alimentação, à educação, ao esporte, ao lazer, à profissionalização, à cultura, à dignidade, ao respeito, à liberdade e à convivência familiar e comunitária.
> [...]
> **Art. 5º.** Nenhuma criança ou adolescente será objeto de qualquer forma de negligência, discriminação, exploração, violência, crueldade e opressão, punido na forma da lei qualquer atentado, por ação ou omissão, aos seus direitos fundamentais.

Brasil. *Lei nº 8.069, de 13 de julho de 1990*. Dispõe sobre o Estatuto da Criança e do Adolescente e dá outras providências. Brasília, DF: Presidência da República, 1990. Disponível em: http://www.planalto.gov.br/ccivil_03/leis/l8069.htm. Acesso em: 16 abr. 2022.

a) Releia o Artigo 4º e assinale a seguir um direito relacionado à educação.

☐ Ter direito a uma alimentação saudável.

☐ Ter direito de frequentar a escola.

☐ Ter direito a praticar um esporte.

b) Ainda em relação ao Artigo 4º, assinale uma atitude dos adultos que demonstra respeito pelas crianças e adolescentes.

☐ Ouvir com atenção seus relatos e suas opiniões.

☐ Deixar que escolham quando ir ou não à escola.

☐ Dar total liberdade para saírem e voltarem para casa na hora que desejarem.

c) Releia o trecho do Artigo 5º.

> Nenhuma criança ou adolescente será objeto de qualquer forma de negligência [...]

• Assinale abaixo a palavra que poderia substituir **negligência** sem alterar o sentido da frase.

☐ cuidado ☐ descuido

☐ desamor ☐ atenção

2. Observe o som representado pela letra **c** na palavra **comunidade**. Agora, releia os artigos 4º e 5º do ECA e copie as palavras que possuam o **c** representando esse mesmo som.

_____

• O que essas palavras têm em comum? Assinale a alternativa correta.

☐ O **c** vem antes das vogais **e** e **i**.   ☐ O **c** vem antes das vogais **a**, **o**, **u**.

3. Agora, observe o som representado pela letra **c** na palavra **sociedade**. Leia mais uma vez os artigos e copie as palavras que possuam o **c** representando esse mesmo som.

_____

• O que essas palavras têm em comum? Assinale a alternativa correta.

☐ O **c** vem antes das vogais **e** e **i**.   ☐ O **c** vem antes das vogais **a**, **o**, **u**.

> A letra **c** representa o som de **k** antes das vogais **a**, **o**, **u** (como na palavra **casa**) e representa o som de **s** antes das vogais **e**, **i** (como na palavra **sociedade**).

4. Leia as palavras do quadro, escritas com **cê-cedilha**.

> palhaço   pescoço   moça   criança   doçura   açúcar

a) O que essas palavras têm em comum? Assinale a alternativa correta.

☐ O **ç** vem antes das vogais **e** e **i**.   ☐ O **ç** vem antes das vogais **a**, **o** e **u**.

b) Agora, compare: o **ç** representa o mesmo som que a letra **c** na palavra **sociedade** ou na palavra **comunidade**?

_____

> O **ç** representa o som de **s** e vem sempre antes das vogais **a**, **o**, **u** (como na palavra **balanço**).

5. Complete as palavras com **c** ou **ç** e, depois, reescreva-as.

a) baba____u _____

b) ____ebola _____

c) ca____ula _____

d) ____imento _____

e) caro____o _____

f) ____inco _____

g) len____o _____

h) ____egonha _____

i) bagun____a _____

j) re____ibo _____

k) cren____a _____

l) ____ereja _____

CAPÍTULO 18

GRAMÁTICA

Número do substantivo

Observe como os substantivos podem variar em **número**, ou seja, podem estar no **singular** ou no **plural**.

o gato
⇓
indica apenas um elemento
⇓
singular

um elefante
⇓
indica apenas um elemento
⇓
singular

os gatos
⇓
indica mais de um elemento
⇓
plural

uns elefantes
⇓
indica mais de um elemento
⇓
plural

Os substantivos **gato** e **elefante** estão no **singular**.

Os substantivos **gatos** e **elefantes** estão no **plural**.

O **singular** indica apenas **um elemento**.

Exemplos: bola, caderno, menina.

O **plural** indica **mais de um elemento**.

Exemplos: brinquedos, crianças, rosas.

Para se formar o plural dos substantivos, geralmente se acrescenta um **s** ao singular.

a cadeira → as cadeira**s**

Outros substantivos têm seu plural formado de modo diferente, sofrendo modificações em seu final.
Os substantivos terminados em **m** têm seu plural formado trocando-se a letra **m** por **ns**.
Exemplos:

o bato**m** → os bato**ns**
o tre**m** → os tre**ns**

Os substantivos terminados em **r** e **z** têm seu plural formado acrescentando-se **es**.
Exemplos:

a flor → as flor**es**

Os substantivos terminados em **s** têm seu plural formado de dois modos:

a) Quando oxítonos, seu plural é formado acrescentando-se **es**.

Exemplos:

o francês → os frances**es**
o português → os portugues**es**

b) Quando paroxítonos, ficam invariáveis, sem sofrer alteração em sua terminação.

Exemplos:

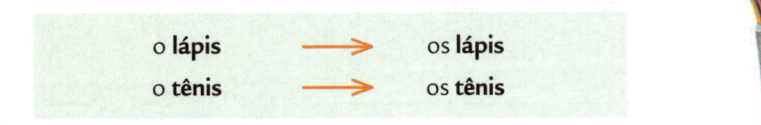

o **lápis** → os **lápis**
o **tênis** → os **tênis**

Os substantivos terminados em **al**, **el** e **ol** têm seu plural formado pela troca do **l** por **is**.
Exemplos:

o an**el** → os anéis
o anim**al** → os anima**is**
o anz**ol** → os anzó**is**

Os substantivos terminados em **il** têm seu plural formado de dois modos:

a) Quando oxítonos, muda-se o **il** para **is**.

Exemplos:

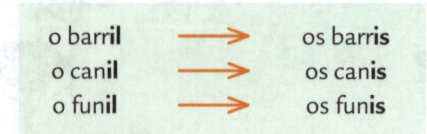

o barr**il**	→	os barr**is**
o can**il**	→	os can**is**
o fun**il**	→	os fun**is**

b) Quando paroxítonos, o **il** torna-se **eis**.

Exemplos:

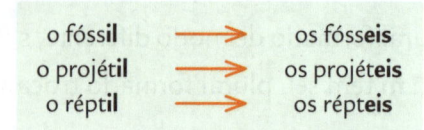

o fóss**il**	→	os fóss**eis**
o projét**il**	→	os projét**eis**
o répt**il**	→	os répt**eis**

Os substantivos terminados em **ão** têm seu plural formado de três modos:

a) Mudando-se o **ão** para **ães**.

Exemplos:

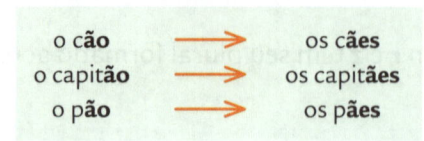

o c**ão**	→	os c**ães**
o capit**ão**	→	os capit**ães**
o p**ão**	→	os p**ães**

b) Acrescentando-se **s**.

Exemplos:

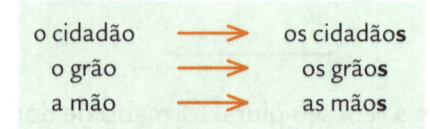

o cidadão	→	os cidadão**s**
o grão	→	os grão**s**
a mão	→	as mão**s**

c) Mudando-se o **ão** para **ões**.

Exemplos:

o avi**ão**	→	os avi**ões**
lim**ão**	→	os lim**ões**
o vulc**ão**	→	os vulc**ões**

ATIVIDADES

1. Passe para o plural.

a) o mês _____

b) um mamão _____

c) o caracol _____

d) um móvel _____

e) a luz _____

f) o irmão _____

g) o hotel _____

h) o girassol _____

i) um garçom _____

j) o jornal _____

k) uma maçã _____

l) a mulher _____

2. Preencha o diagrama com o singular das palavras do quadro.

1. esportistas
2. constelações
3. gases
4. órgãos
5. avestruzes
6. teclados
7. imagens
8. países

3. Assinale os substantivos que têm a mesma forma no singular e no plural.

☐ pires
☐ tartaruga
☐ freguês
☐ luz
☐ óculos

☐ cartaz
☐ ônibus
☐ pedal
☐ país
☐ vírus

- Agora, escreva o plural das palavras que você não assinalou.

_____

_____

4. Leia a tirinha e faça o que se pede.

"ERA UMA VEZ TRÊS PORQUINHOS QUE VIVIAM"...

...E CHAPEUZINHO VERMELHO DISSE: "PRA QUE ESSE NARIZ TÃO"...

...E ENTÃO, ADICIONAM-SE DUAS COLHERES DE AÇÚCAR MASCAVO E MEXE-SE A CALDA POR DOIS MINUTOS...

Tirinha com a Turma da Mônica, de Mauricio de Sousa.

a) Quais são os substantivos que estão no plural na tirinha? Copie-os.

_____

b) Leia os substantivos da tirinha que estão no singular e passe-os para o plural no quadro abaixo.

Substantivos no singular	Substantivos no plural
vez	
chapeuzinho	
nariz	
açúcar	
calda	

5. Assinale a opção correta para o plural do objeto representado pela imagem na frase.

a) Os _____ estavam atrasados.

☐ aviãos   ☐ aviões

b) Os _____ eram muito antigos.

☐ violões   ☐ violãos

c) Francine adora desenhar _____

☐ corações   ☐ coraçãos

6. Leia a notícia a seguir.

BRASIL CONQUISTA SEU MELHOR RESULTADO EM 39 ANOS DA OLIMPÍADA INTERNACIONAL DE MATEMÁTICA

[...]

O Brasil ficou em 10º lugar na Olimpíada Internacional de Matemática, a maior competição entre estudantes de 14 a 19 anos do ensino médio. Este é o melhor resultado já conquistado desde que o Brasil participa do torneio, há 39 anos. A competição foi criada em 1959. Nesta edição, 105 países disputaram as provas.

Ao todo, a equipe brasileira somou 165 pontos, com uma medalha de ouro e cinco de prata. Com o resultado, ficou à frente de países como Japão, França, Canadá e Alemanha.

Para chegar à etapa internacional, antes eles conquistaram medalhas na Olimpíada Brasileira de Matemática (OBM). Depois, passaram por três testes seletivos e treinamento. Eles foram liderados por Carlos Gustavo Moreira, pesquisador do Instituto de Matemática Pura e Aplicada (Impa) e coordenador-geral da OBM, e Matheus Secco, da Academia de Ciências Tcheca.

"Eles são resultado de um processo de seleção muito disputado e rigoroso, aberto para todas as escolas do país", afirma Carlos Moreira. "Com essas medalhas, provavelmente conseguirão bolsas de estudos nas melhores universidades e terão ótimas perspectivas de carreira em várias áreas."

[...]

A competição estava prevista para ocorrer em São Petersburgo, na Rússia, mas por causa da pandemia, os estudantes fizeram as provas sem sair do país. No Brasil, os testes foram aplicados em 21 e 22 de setembro na Universidade Federal do Ceará (UFC) e no Instituto de Matemática Pura e Aplicada (Impa), no Rio de Janeiro.

Brasil conquista seu melhor resultado [...]. *G1*, São Paulo, 30 set. 2020. Disponível em: https://g1.globo.com/educacao/noticia/2020/09/30/brasil-conquista-melhor-resultado-em-olimpiada-internacional-de-matematica-em-39-anos.ghtml. Acesso em: 15 jul. 2022.

- Passe os substantivos extraídos da notícia para o plural.

Singular	Plural
resultado	
internacional	
competição	
pesquisador	

Singular	Plural
treinamento	
seleção	
país	
Federal	

7. Releia a notícia e escreva as informações solicitadas.

O que aconteceu?	
Quem participou do acontecimento?	
Quando aconteceu?	
Onde aconteceu?	
Como aconteceu?	
Por que aconteceu?	

8. Reúna-se com alguns colegas e, juntos, escrevam uma notícia sobre um fato ocorrido na escola nos últimos meses. Considerem que a notícia será publicada no *site* da escola e terá como leitores os alunos de outras turmas. Para esse trabalho, sigam estas orientações.

- Lembrem-se de que a notícia precisa ter informações que respondam às perguntas:

    Quem participou do acontecimento?   O que aconteceu?
    Quando?   Onde?   Por quê?   Como?

- Essas informações devem ficar no primeiro parágrafo, formando o lide.

- Depois de escolherem o assunto da notícia, planejem quem entrevistarão para obter as informações necessárias. Por exemplo, se o assunto for uma feira cultural ocorrida na escola, vocês podem entrevistar os professores responsáveis pelo evento, alguns familiares e amigos que visitaram a feira, outros alunos que tenham participado. Não se esqueçam de gravar ou registrar as declarações dessas pessoas por escrito e anotar o nome completo delas, idade e profissão (no caso de professores da escola, anotem a disciplina que lecionam).

- Se possível, consigam uma foto sobre o fato noticiado para inserir na notícia. Por exemplo, se for a feira cultural, consigam com os responsáveis uma foto do evento para tornar a notícia mais interessante. Lembrem-se de escrever uma legenda para a foto que não seja uma mera descrição da imagem, como "Alunos na feira cultural", mas que acrescente alguma informação ou ressalte algum dado presente na notícia (exemplo: "Compareceram na feira cultural 125 estudantes").

- Insiram, entre aspas, algumas falas dos entrevistados.

a) Redijam então a notícia com todas as informações do esquema, escrevendo o lide no primeiro parágrafo e o desenvolvimento nos demais (com foto e algumas falas dos entrevistados). Lembrem-se de que o texto precisa ter uma linguagem adequada aos leitores, que são os alunos de outras turmas.

b) Com o texto pronto, façam a revisão verificando se a notícia apresenta:
   - título com verbo no presente do indicativo;
   - lide no primeiro parágrafo;
   - todas as informações necessárias para o leitor entender o fato noticiado;
   - algumas falas dos entrevistados;
   - foto com legenda explicativa;
   - linguagem adequada aos leitores;
   - pontuação, ortografia e acentuação corretas.

c) Depois da revisão final, é o momento de publicar a notícia no *site* da escola com a ajuda do/a professor/a.

ORTOGRAFIA

Palavras com s ou ss

1. Escreva o nome dos seres e objetos representados pelas imagens.

a) _____

b) _____

c) _____

d) _____

e) _____

f) _____

2. Pinte o quadrinho que completa adequadamente a palavra. Depois, escreva-a ao lado.

a) concur [s] [ss] o _____

b) profe [s] [ss] or _____

c) [s] [ss] ala _____

d) [s] [ss] ucesso _____

e) [s] [ss] apo _____

f) en [s] [ss] ino _____

3. Leia as palavras do quadro abaixo e organize-as na tabela, de acordo com a posição do **s**.

conversa	sopa	girassol	bolso	tosse	semana
pássaro	bússola	saliva	travesseiro	sombra	ensaio
osso	curso	samba	cansaço	ensolarado	sábado

S em início de palavra	S em meio de palavra	SS entre vogais

114

4. Leia o poema a seguir e sublinhe as rimas de cada estrofe.

Lua cheia de poesia

Mas que Lua tão bonita!
Está clara como o dia,
vaga-lume conta e pisca:
está cheia é de poesia.

São Jorge ficou sabendo
e contou para o dragão,
um bicho mal-humorado,
que nem lhe deu atenção.

[...]

Enquanto isso, a Lua
funde a cuca atrás da serra.
Tá montando um grande *show*
pra alegrar toda a Terra!

As Três Marias pressentem
um cheiro de festa astral.

Ensaiam samba e forró
e marchinhas de carnaval.

[...]

A floresta acordada
bate palma sem parar.
Nunca se viu tanta festa!
Eu jamais ouvi falar.

[...]

Alfa e Beta anunciam
o final desta noitada.
Dona Lua agradece
com palavras prateadas.

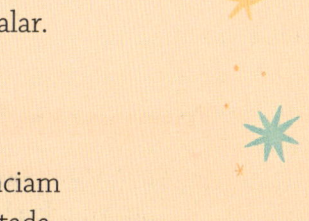

[...]

Neusa Sorrenti. *Lua cheia de poesia*. São Paulo: Editora do Brasil, 2010.

a) Qual é o assunto do poema?

_____

b) Releia a última estrofe do poema. O que seriam as **palavras prateadas** ditas pela Lua?

_____

5. Copie todas as palavras com **s** e **ss** do poema no quadro abaixo, de acordo com a posição indicada.

S no início (som de S)	S entre vogais (som de Z)	S entre vogal e consoante/ consoante e vogal (som de S)	S no final (som de S)	SS entre vogais (som de S)	S acompanhado da letra H (som de X)

CAPÍTULO 19

GRAMÁTICA

Grau do substantivo

Leia o poema.

Tempestade

O vento **ventão**
com voz de trovão
acende uma luz de medo
no meu coração.
Será que já vem tempestade?
Será que vai inundar a cidade?

Que bom que só caiu
uma chuva fininha
e o vento grosso
se transformou em brisa
pequenininha.

O vento **ventinho**
com voz de sininho
faz um carinho
nas minhas mãos.

Roseana Murray. *Fardo de carinho*. Belo Horizonte: Lê, 2000.

Os substantivos podem variar conforme o grau: **diminutivo** ou **aumentativo**. Damos o nome de **grau** à variação de tamanho dos substantivos.

A palavra **vento** indica um substantivo em seu estado normal.

Observe as palavras destacadas em vermelho e azul no poema. Quando queremos indicar um vento forte, nós dizemos **ventão**. Quando queremos indicar um vento fraco, dizemos **ventinho**.

Veja abaixo como ficam os graus desse substantivo.

vento → ventinho → ventão
grau normal — grau diminutivo — grau aumentativo

Além do tamanho, os graus do substantivo podem expressar também **intensidade** ou **afetividade**. Observe os exemplos:

> Camila comprou um **carrão**.
> Olhe o **rostinho** desse bebê!

Grau aumentativo

O **aumentativo** é formado, principalmente, pelo acréscimo de **-ão**, **-alhão**, **-aréu**, **-zarrão**, **-eirão** e **-ona** ou com o auxílio de palavras que indicam aumentativo, como **grande**, **enorme** e **imenso**.

Exemplos: copo grande, avenida enorme, onda imensa.

Veja alguns aumentativos nos quadros abaixo.

Normal	Aumentativo
amigo	amigão
chapéu	chapelão
cão	canzarrão
casa	casarão
dedo	dedão
drama	dramalhão

Normal	Aumentativo
fogo	fogaréu
homem	homenzarrão
lata	latão
moça	moçona
papel	papelão
voz	vozeirão

Grau diminutivo

Como o aumentativo, o **diminutivo** também possui maneiras diferentes de ser formado, principalmente pelo acréscimo de **-inho/-inha**, **-zinho/-zinha**, **-ete/-eta** e **-ote** ou com o auxílio de palavras que indicam diminutivo, como **minúsculo** e **pequeno**.

Exemplos: imagem minúscula, animal pequeno.

Veja alguns diminutivos nos quadros abaixo.

Normal	Diminutivo
amigo	amiguinho
bala	balinha
cão	cãozinho
estátua	estatueta
filho	filhinho, filhote
mão	mãozinha

Normal	Diminutivo
menino	menininho
nariz	narizinho
palácio	palacete
rio	riacho, riozinho
serra	serrote
vaca	vaquinha

ATIVIDADES

1. Escreva o nome dos seres e objetos representados pelas imagens nos graus diminutivo e aumentativo.

a) _____ _____

b) _____ _____

c) _____ _____

2. Leia as informações que aparecem na capa de livro ao lado.

a) Assinale **V** para verdadeiro e **F** para falso.

☐ O subtítulo "Receitas que funcionam" indica que as receitas do livro são de fácil preparação.

☐ A ilustração do garfo e os elementos em volta dele demonstram que as receitas contêm variedade de ingredientes em sua preparação.

☐ O título "Panelinha" indica que todas as receitas do livro devem ser preparadas em uma panela pequena.

b) Na capa, há uma palavra no grau diminutivo. Passe-a para o aumentativo. _____

3. Leia a tirinha e circule as palavras que estão no grau diminutivo.

Alexandre Beck. *Armandinho*, [s. l.], 16 fev. 2016. Disponível em: https://64.media.tumblr.com/93c5414f420a45 a68c1ecd37df8610a0/tumblr_o2n1pewtWx1u1iysqo1_1280.png. Acesso em: 20 jun. 2022.

- Agora, passe as palavras circuladas para o aumentativo.

_____

4. Leia o conto africano a seguir.

O camaleão e o rato

Há muito tempo, existiram dois amigos: o camaleão e o rato. Um dia, eles quiseram ir ao mercado, que, naquela época, era longe de suas casas.

Eles confidenciaram seus segredos no dia em que se encontraram no topo da colina, não muito longe de sua aldeia.

– Compartilhar a estrada com você não será mau – disse o camaleão ao rato.

– Compartilhar a estrada? – o rato respondeu. – Você não quer que eu aceite a sua velocidade. Você anda muito devagar! Eu estarei chegando ao mercado, e você, preguiçoso, mal saiu da aldeia. Todas as minhas compras serão terminadas antes que seus olhos vejam o mercado!

– Isso é o que você pensa – respondeu o camaleão. – Você se engana. Eu sou o mais rápido de todos.

– Ah! Ah! Que piada! Meu pai me disse que, às vezes, a mentira mata. Alguém já viu o camaleão correr tão rápido quanto um rato? Na floresta não existe segredo!

– Tenho a certeza de que vencerei. Minha mãe ensinou-me a não mentir! Quando eu digo, eu digo, e pronto!

E os nossos dois amigos decidiram competir. Então, chegou o dia do mercado.

O camaleão e o rato deixaram a aldeia juntos. Antes mesmo do raiar do dia, o rato se lançou a toda velocidade. Ele trotou e trotou. Seus pés mal tocavam o chão enquanto corria tão rápido. Para esse esforço, reuniu toda a sua força, e rapidamente desapareceu na escuridão. O mercado local era muito longe.

O camaleão continuou sua marcha sem qualquer desânimo. Andou, andou regularmente, em seu passo habitual.

E assim eles continuaram.

O rato, quando amanheceu, chegou ao topo de uma pequena colina. Ele estava sem fôlego. Os olhos queriam saltar de sua cabeça, a língua estava pendurada na sua boca.

Mas sua alegria estava no auge e, quando olhou para trás, não viu o camaleão.

– É óbvio que eu ganhei – disse ele. E todo feliz, o nosso rato se permitiu um pouco de descanso, porque estava realmente muito cansado.

Mas, de repente, percebeu que as horas avançaram.

– Que eu vou chegar antes do camaleão, é coisa certa, mas eu quero melhor. Quero terminar todas as minhas compras antes que ele chegue, porque eu disse que poderia fazê-lo. Então poderei rir dele.

Imediatamente, com a cabeça baixa, voltou a correr com toda velocidade. Logo se aproximou da aldeia, onde o mercado seria realizado.

– Tudo bem – pensou indo mais rápido.

Ele correu, correu e correu. Passou pelas cabanas como uma flecha, saltou sobre os caminhos. E só iria parar na localização do mercado. Como não viu ninguém, nenhuma reunião de comerciantes ou compradores, o rato continuou.

Em seu descuido, esqueceu-se de que, àquela hora, o mercado ainda não estava aberto. Os homens ainda estavam dormindo ou tinham acabado de acordar.

O rato seguiu os caminhos que o levariam ao mercado, cruzou-os sem pensar em levantar a cabeça para olhar. Continuou, passou a aldeia e foi para o mato para além da última casa.

O rato corria agora mais rapidamente. Mas estava correndo em círculos. Sem saber, tinha perdido o seu caminho.

Enquanto isso, o camaleão se aproximava da aldeia sempre com os mesmos passos regulares. Ele chegou ao meio do mercado e olhou em volta. Mas em nenhum lugar viu o amigo rato.

Com cortesia, esperou um pouco. Então, para evitar perder as boas oportunidades disponíveis, comprou tudo o que precisava.

Compras concluídas, o camaleão sentou-se calmamente em um canto do mercado e decidiu esperar pelo rato.

O rato ainda corria pelos campos. Meio-dia é passado, a noite já se aproximava. Exausto, finalmente, caiu ao chão.

Então vê, acima da grama alta, a fumaça vindo das cabanas.

– Bem – pensou –, a aldeia está lá!

Esperou alguns momentos para recuperar alguma força e atingiu a aldeia vizinha.

Ao anoitecer, chegou ao mercado. Seu amigo, o camaleão, ainda estava esperando.

– Ah! – Ele diz. – Você está aí, finalmente!

– Sim – diz o rato. – Esta manhã, eu não vi o mercado. É uma pena!

O camaleão em seguida mostrou-lhe tudo o que havia comprado e o nosso amigo rato teve que admitir a derrota.

Quem é muito seguro de si mesmo e age sem pensar corre para o fracasso.

Butoa Balingene. *Alguns contos africanos*. Lavras: [s. n.], 2016. Projeto de Extensão Universitária Vozes da África. Departamento de Engenharia da Universidade Federal de Lavras (MG).

> **Contos** são histórias curtas, com poucos personagens, cujo desfecho ocorre em um breve intervalo de tempo.
>
> Os **contos populares** fazem parte da tradição oral de um povo e são transmitidos de geração a geração. Não possuem autoria conhecida e costumam ter várias versões.

a) Quem são os personagens do conto?

___

b) Quando se passa a história? Justifique sua resposta com um trecho do texto.

___

c) Onde se passa a história? Justifique sua resposta com dois trechos do texto.

___

d) Observe a palavra em destaque no trecho abaixo.

> – **Compartilhar** a estrada com você não será mau – disse o camaleão ao rato.

• Por qual palavra ela pode ser substituída sem que o sentido do texto seja modificado?

☐ Abandonar ☐ Dividir ☐ Encontrar

e) Releia o ensinamento moral no final do conto.

> Quem é muito seguro de si mesmo e age sem pensar corre para o fracasso.

• Para quem esse ensinamento é direcionado? Explique sua resposta.

___

5. Reescreva as frases abaixo, retiradas do conto, colocando as palavras em destaque no diminutivo e, depois, no aumentativo.

a) "O **mercado** local era muito longe."

___

b) "O **rato** ainda corria pelos **campos**."

___

> - **Adjetivos** derivados de **substantivos** (como **sabor** → **saboroso**) podem ser formados com a terminação **-oso/-osa**.
> - **Substantivos** derivados de **adjetivos** (como **rápido** → **rapidez**) geralmente são formados com a terminação **-ez/-eza**.

6. Releia os trechos a seguir, do conto "O camaleão e o rato".

> – Eu estarei chegando ao mercado, e você, **preguiçoso**, mal saiu da aldeia.
> [...]
> – Tenho a **certeza** de que vencerei. Minha mãe ensinou-me a não mentir!

a) A palavra **preguiçoso** é um:

☐ substantivo ☐ adjetivo ☐ artigo

b) A palavra destacada no item **a** é derivada do substantivo:

☐ desleixo ☐ preguiça ☐ preguiçosa

c) A palavra **certeza** é um:

☐ substantivo ☐ adjetivo ☐ artigo

d) A palavra destacada no item **c** é derivada do adjetivo:

☐ exato ☐ certamente ☐ certo

> **Substantivos** que indicam títulos de posição social, origem ou nacionalidade são geralmente formados pelo prefixo **-esa**.

7. Preencha as lacunas das palavras a seguir com as terminações **-eza** ou **-esa**.

a) duqu_____
b) gentil_____
c) chin_____
d) portugu_____
e) trist_____
f) bel_____
g) consul_____
h) pur_____
i) princ_____
j) holand_____
k) riqu_____
l) franc_____
m) delicad_____
n) grand_____
o) baron_____

- Escreva os adjetivos que deram origem aos substantivos terminados em **-eza** dos itens anteriores.

_____
_____

Uma das formas de saber se um verbo tem a terminação **-isar** ou **-izar**, é identificando sua palavra primitiva.

Se a palavra primitiva tiver **s**, o verbo terá a terminação **-isar**. Exemplo: **paralisar** é derivado de **paralisia**, escrita com **s**, portanto, o verbo terá a terminação **-isar**.

Se a palavra primitiva não tiver **s**, o verbo terá a terminação **-izar**. Exemplo: **canalizar** é derivado de **canal**, que não tem **s**, portanto, o verbo terá a terminação **-izar**.

8. Complete as palavras com a terminação **-isar** ou **-izar**. Depois, escreva a palavra que deu origem a cada uma delas.

a) prec_____ _____

b) urban_____ _____

c) suav_____ _____

d) simbol_____ _____

e) pesqu_____ _____

f) atual_____ _____

9. Localize e circule no diagrama oito palavras terminadas em **-isar** ou **-izar**.

F	C	D	L	O	C	A	L	I	Z	A	R	B	M	I	M	P	R	O	V	I	S	A	R
R	I	B	A	R	E	A	L	I	Z	A	R	Q	D	N	P	S	F	U	H	F	Ç	L	L
I	M	N	P	T	V	X	Z	W	T	U	T	I	L	I	Z	A	R	X	Q	N	O	I	T
S	O	Q	C	O	N	S	C	I	E	N	T	I	Z	A	R	B	V	Y	O	P	R	S	X
A	C	Z	X	Y	J	N	P	Q	L	X	A	B	M	I	T	N	K	H	I	P	J	A	A
R	R	F	Y	X	S	Q	E	S	A	V	I	S	A	R	T	A	B	Y	K	L	E	R	G

a) Escreva na tabela todas as palavras encontradas, de acordo com a terminação.

Palavras terminadas em **-isar**	Palavras terminadas em **-izar**

b) Agora, escreva as palavras das quais os verbos que você circulou no diagrama derivam.

_____

_____

ORTOGRAFIA

Palavras com **lh** ou **li**

1. Leia este trecho do livro *Máquinas do tempo* e complete as palavras com **lh** ou **li**.

> [...]
>
> Patrícia e Adriana são minhas tias, fi_____as do vovô. Ele dá outro sorriso, desta vez sem eu pedir. Daí levanta os o_____os e o_____a para lugar nenhum. Vovô sempre olha assim quando tem uma ideia.
>
> Ele me leva pela mão até a ve_____a garagem. Tem um monte de coisas antigas da nossa famí_____a lá, coisas que ninguém joga fora para não comprar briga com o vovô. Ele abre uma gaveta e tira uma caixa pesada de madeira.
>
> [...]

Cassiana Pizaia, Rima Awada e Rosi Vilas Boas. *Máquinas do tempo*. São Paulo: Editora do Brasil, 2016. p. 11.

2. Preencha as palavras a seguir com **lh** ou **li**.

| co_____er | cí_____os | abe_____a |
| ove_____a | ore_____a | sandá_____a |

• Agora, identifique as definições a seguir usando as palavras que você acabou de completar.

a) Tipo de calçado: _____.

b) Pelos existentes nas pálpebras: _____

c) Fêmea do carneiro: _____

d) Parte exterior do ouvido: _____

e) Inseto que fabrica mel: _____

f) Talher que serve para misturar alimentos e para tomar sopa: _____.

3. Complete as palavras com **lh** ou **li** e, depois, copie-as.

a) a_____mento _____

b) bi_____ete _____

c) Itá_____a _____

d) mo_____o _____

e) maravi_____a _____

f) auxí_____o _____

g) ve_____ice _____

h) pa_____to _____

4. Das palavras a seguir, circule as que estão escritas **incorretamente**. Depois, corrija-as na linha ao lado.

a) escolia _____

b) brilhante _____

c) domicilho _____

d) orgulio _____

e) gargalhada _____

f) trabalio _____

g) trilho _____

h) talier _____

i) embrulio _____

j) avaliação _____

5. Sofia e Rafael foram com sua mãe à feira. Cada um deles ficou responsável por ajudá-la a escolher alguns dos alimentos da lista criada por ela.

a) Complete o nome de cada vegetal da lista com **lh** ou **li**.

a_____o

cebo_____nha

repo_____o

mi_____o

ervi_____a

Sofia
lh

Rafael
li

_____mão

_____chia

bróco_____s

pimenta
verme_____a

alface _____sa

b) Agora, ajude os irmãos a dividir o que cada um escolherá ligando os alimentos cujo nome tem **LH** à cesta da Sofia e os que são escritos com **LI** à cesta de Rafael.

125

CAPÍTULO 20

GRAMÁTICA

Artigo

Leia as informações do verbete de enciclopédia.

MACACO-ARANHA

O macaco-aranha é **um** macaco grande e extremamente ágil que vive desde as florestas do sul do México até a região central do Brasil. Embora suas mãos não tenham polegar, esse primata magricela e barrigudo se movimenta velozmente pelas árvores usando sua longa cauda como um quinto membro.

Macaco-aranha (*Ateles geoffroyi*).

Macaco-aranha. *In*: BRITANNICA ESCOLA. Chicago: Britannica Digital Learning, c2022.

A palavra **o** destacada no texto dá uma ideia precisa e definida da espécie do animal do qual o verbete trata, que é o "macaco-aranha".

Já no trecho "é **um** macaco", a palavra **um** dá uma ideia indeterminada ou indefinida.

As palavras **o** e **um** são **artigos**.

> **Artigo** é a palavra que se usa antes do substantivo, indicando se ele está no masculino ou no feminino, no singular ou no plural.

O artigo pode ser **definido** ou **indefinido**.

Artigo definido

O **artigo definido** determina o substantivo de modo preciso.

São artigos definidos:

> no singular: **o**, **a**
> no plural: **os**, **as**

Artigo indefinido

O **artigo indefinido** determina o substantivo de modo vago, impreciso.

São artigos indefinidos:

> no singular: **um**, **uma**
> no plural: **uns**, **umas**

ATIVIDADES

1. Pinte a melhor opção para acompanhar o substantivo e escreva o artigo escolhido ao lado de cada palavra.

a) _____ bicicleta
| o | a | um |

b) _____ cão
| uma | os | o |

c) _____ jogos
| o | as | uns |

d) _____ maçã
| uma | as | umas |

e) _____ foguete
| os | a | um |

f) _____ chaves
| as | a | uma |

2. Complete as frases com artigos definidos ou indefinidos. Depois, marque a classificação do artigo que você utilizou.

a) _____ professor corrigiu _____ prova de ciências.
☐ artigos definidos   ☐ artigos indefinidos

b) Mamãe achou _____ livro na minha estante.
☐ artigo definido   ☐ artigo indefinido

c) _____ roupas da festa estão no armário.
☐ artigo definido   ☐ artigo indefinido

d) Havia _____ pessoas na feira cultural da escola.
☐ artigo definido   ☐ artigo indefinido

e) _____ passeio para _____ zoológico da cidade foi divertido.
☐ artigos definidos   ☐ artigos indefinidos

3. Escreva o nome dos seres e objetos representados pelas imagens acompanhado dos artigos definidos **o**, **a**, **os** ou **as**.

a) _____

b) _____

c) _____

d) _____

e) _____

f) _____

4. Complete as frases com um dos artigos indefinidos entre parênteses.

a) Para a mudança, usamos _____ caixas de papelão. (uma – umas)

b) Encontramos _____ grande amiga no parque. (um – uma)

c) Eles viram _____ pássaros sobrevoando o sítio. (um – uns)

d) Conheci _____ rapaz no curso de inglês. (um – uns)

e) Precisaram comprar _____ peças para o carro. (uns – umas)

f) Natália adotou _____ lindo gatinho na feira de adoção. (uma – um)

g) Carlos é _____ ótimo jogador de *video game*. (uma – um)

5. Leia o poema a seguir.

Minha cama

Um hipopótamo na banheira
molha sempre a casa inteira.

A água cai e se espalha
molha o chão e a toalha.

E o hipopótamo: nem ligo
estou lavando o umbigo.

E lava e nunca sossega,
esfrega, esfrega e esfrega

a orelha, o peito, o nariz
as costas das mãos, e diz:

Agora vou dormir na lama
pois é lá a minha cama!

Sergio Capparelli. *111 poemas para crianças*. São Paulo: L&PM, 2003.

a) Copie nas linhas abaixo as palavras que rimam no poema.

_____

_____

b) A maior parte do poema está escrita em terceira pessoa, ou seja, o eu lírico descreve o banho de um hipopótamo. Há, porém, dois momentos em que o próprio hipopótamo fala. Copie esses dois trechos.

_____

_____

_____

_____

c) Circule os artigos do poema.

d) Preencha o quadro, separando os artigos do poema conforme sua classificação.

Artigo(s) definido(s)	Artigo(s) indefinido(s)

e) A palavra **hipopótamo** é um:

☐ adjetivo ☐ substantivo ☐ artigo

> Os **substantivos** podem ser acompanhados por **artigos** e **adjetivos**, entre outros. Eles devem concordar em gênero e número. Por exemplo: **o** men**ino** bonit**o**/**os** men**inos** bonit**os**; **a** men**ina** bonit**a**/**as** men**inas** bonit**as**.

f) Releia estes versos.

> Um hipopótamo na banheira
> molha sempre a casa inteira.

- Se em vez de um hipopótamo, uma foca de pelo cinzento estivesse na banheira, como os versos ficariam?

_____
_____

- Quais mudanças foram feitas no substantivo para essa adaptação? E no artigo que o acompanha?

_____
_____
_____

g) Releia estes outros versos.

> A água cai e se espalha
> molha o chão e a toalha

- Se fossem várias toalhas e tivessem a cor branca, como os versos ficariam?

_____
_____
_____

- Quais mudanças foram feitas no substantivo para essa adaptação? E no artigo que o acompanha?

_____
_____
_____

ORTOGRAFIA

Palavras com az, ez, iz, oz ou uz

1. Passe os termos abaixo para o plural.

a) o avestruz _____

b) a raiz _____

c) uma noz _____

d) a imperatriz _____

e) um juiz _____

f) o cartaz _____

g) uma vez _____

h) a luz _____

i) um giz _____

j) o albatroz _____

2. Complete as palavras com **az**, **ez**, **iz**, **oz** ou **uz**. Atenção: você deve repetir as mesmas letras em cada caminho de palavras. Ao final, insira na plaquinha as letras (**az**, **ez**, **iz**, **oz** ou **uz**) usadas no caminho.

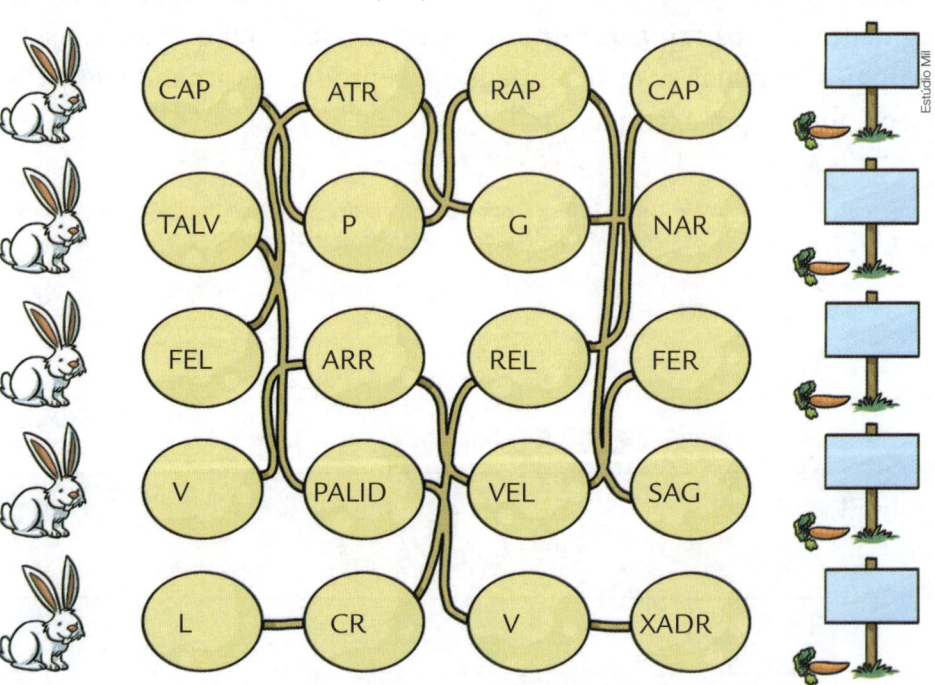

CAP	ATR	RAP	CAP
TALV	P	G	NAR
FEL	ARR	REL	FER
V	PALID	VEL	SAG
L	CR	V	XADR

131

3. Leia o texto a seguir, sobre o lobo-guará.

GUARÁ: O GRANDE LOBO DO CERRADO

Parente dos lobos selvagens e dos cachorros domésticos, o lobo-guará (Chrysocyon brachyurus) é um animal típico do Cerrado e maior canídeo da América do Sul, podendo atingir até um metro de altura e pesar 30 quilos. Além do Brasil, pode ser encontrado em regiões da Argentina, Bolívia, Paraguai, Peru e Uruguai.

Logo-guará (*Chrysocyon brachyurus*), espécie em extinção.

Altivo, esguio e elegante, também é conhecido como lobo-de-crina, lobo-vermelho, aguará, aguaraçu e jaguaperi, todos nomes atrelados a sua bela pelagem laranja-avermelhada, que o torna um dos mais belos animais brasileiros. Na natureza, vive cerca de 15 anos. A cada gestação, que dura pouco mais de dois meses, nascem em média dois filhotes.

Apesar do porte imponente e da alcunha de "lobo", é tímido, solitário e praticamente inofensivo, preferindo manter distância de populações humanas. Usa suas presas para se alimentar de pequenos animais, como roedores, tatus e perdizes, além de frutos variados do Cerrado, como o araticum e a lobeira (Solanum lycocarpum), alimento muito consumido pelo guará.

É avistado normalmente circulando por grandes campos nos fins de tardes e durante as noites. Nessa rotina, costuma cruzar estradas onde muitas vezes é atropelado. A ampla fragmentação dos remanescentes de Cerrado faz com que animais tenham que deixar refúgios de matas para se alimentar e reproduzir, tornando-se vítimas de automóveis e caçadores, por exemplo.

Guará: o grande lobo do cerrado. *WWF*, [s. l.], [20--]. Disponível em: https://www.wwf.org.br/natureza_brasileira/especiais/biodiversidade/especie_do_mes/dezembro_lobo_guara/. Acesso em: 10 maio 2022.

a) Qual é a finalidade desse texto?

_____

_____

b) Onde o texto foi publicado?

_____

_____

c) Releia o texto e preencha o quadro abaixo.

Título	
Descrição do animal	
É nativo de qual continente? Em quais países pode ser encontrado?	
Está ameaçado de extinção no Brasil?	
Em que bioma brasileiro pode ser encontrado?	
Por que está ameaçado de extinção?	
Alimentação	
Quanto tempo vive na natureza?	
Hábitos	
Reprodução	

4. Agora, reúna-se com alguns colegas para escrever um verbete de enciclopédia sobre um dos animais brasileiros da lista a seguir. Depois de pronto, os verbetes serão publicados no *site* da escola e terão como leitores todos os alunos.

- Arara-azul-de-lear
- Boto-cor-de-rosa
- Mico-leão-dourado
- Onça-pintada
- Tamanduá-bandeira
- Tartaruga-de-couro

a) Pesquisem, na internet ou na biblioteca da escola, sobre o animal escolhido para o grupo. Registrem as informações coletadas no caderno. Para facilitar a pesquisa, sigam os seguintes itens:
- nome comum;
- nome científico;
- tipo (ave, mamífero ou réptil);
- características físicas (cores, descrição do corpo, habilidades);
- tamanho;
- peso;
- região em que habita;
- situação do perigo de extinção e as causas (caça ilegal, urbanização da região etc.);
- quantidade de animais na natureza (no território brasileiro);
- comportamento/hábitos;
- alimentação;
- reprodução;
- tempo de vida na natureza.

b) Pesquisem, também, uma foto do animal com uma legenda explicativa para inserir no verbete.

c) Escrevam o verbete com base nas informações coletadas. Ao finalizar, façam uma revisão do texto para verificar se ele apresenta:
- título (nome do animal);
- todas as informações solicitadas;
- foto com legenda explicativa;
- linguagem adequada aos leitores (alunos da escola);
- texto sem erros de pontuação, ortografia e acentuação.

d) Depois de fazer todas as correções necessárias, digitem o texto e, com a ajuda do professor, publiquem o verbete no *site* da escola.

CAPÍTULO 21

GRAMÁTICA

Adjetivo

Leia o texto e observe as palavras destacadas.

> João era um moço **forte**, **bonito**, **inteligente**, **sutil** e **misterioso**. Ele era **perfeito**. Bem, quase perfeito. João tinha uma esquisitice: só pensava por enigmas.
> Um dia, conheceu uma princesa **linda**, **charmosa**, **brilhante**, **faceira** e **divertida**. Ela era **perfeita**. Bem, quase perfeita. Ela era muito, muito **complicada**...
> [...]

Rosinha. *Adivinha só!* São Paulo: Editora do Brasil, 2012. p. 5.

Forte, **bonito**, **inteligente**, **sutil**, **misterioso** e **perfeito** são qualidades atribuídas a João.

Linda, **charmosa**, **brilhante**, **faceira**, **divertida**, **perfeita** e **complicada** são qualidades atribuídas à princesa.

Essas palavras usadas para atribuir qualidades aos personagens são **adjetivos**.

> **Adjetivo** é a palavra que indica uma característica do substantivo.

O adjetivo concorda em **gênero** e **número** com o substantivo que ele modifica.
Exemplos:

menin**o** calm**o** ⟶ menin**os** calm**os**
masculino singular   **masculino plural**

menin**a** calm**a** ⟶ menin**as** calm**as**
feminino singular   **feminino plural**

A reunião de **duas** ou **mais palavras** com valor de **adjetivo** chama-se **locução adjetiva**.
Exemplos:

amor **de pai** ⟶ amor **paternal**
moça **de coragem** ⟶ moça **corajosa**

ATIVIDADES

1. Leia o conto a seguir.

O soldado pacífico

Era uma vez, no Reino Distante, um soldado elegante, muito valente e muito forte. Era um cavaleiro completo.

Causava admiração por onde passava:

As damas diziam:

– Ooooohhhhhhh!

Os cavaleiros diziam:

– Aaaaahhhhhh!

A rainha surpreendia-se:

– Uaaaaauuuuu!

No entanto, ninguém nunca tinha visto o soldado lutar e isso tinha uma explicação muito simples: nosso soldado era totalmente PA-CÍ-FI-CO. Não gostava de guerras, nem de batalhas, nem de lutas, nem de combates, nem sequer gostava de discutir um pouquinho de vez em quando.

Mas, um dia, o Reino Vizinho declarou guerra ao Reino Distante. E, como eram reinos faz de conta, em vez de fazer uma guerra normal e banal, decidiram que lutariam entre si o melhor soldado de cada reino. Nem é preciso dizer que o Reino Distante escolheu o soldado pacífico, enquanto o Reino Vizinho enviou para a batalha o soldado medroso.

O lugar escolhido para a batalha ficava no meio de um grande campo. De um lado, os reis e os habitantes do Reino Distante e, do outro, os do Reino Vizinho. Os dois soldados caminharam até a metade do prado e falaram:

– Não quero lutar – disse o soldado pacífico. – Odeio guerras.

– Eu tampouco – replicou o soldado medroso. – Batalhas me dão medo.

Eles selaram a paz, e foi organizada uma grande festa entre os dois reinos. Desde então se enaltece o valor dos soldados, porque evitar uma guerra é muito melhor que ganhá-la.

María Mañeru. *Doces contos*: um livro de histórias para ter lindos sonhos. São Paulo: Girassol, 2014.

a) Quem são os personagens do conto?

_____

_____

b) Quando ocorreu a história? Copie do texto uma palavra ou expressão que confirme sua resposta.

_____

_____

_____

c) Por que, ao surgir uma batalha com o Reino Vizinho, o Reino Distante escolheu o soldado pacífico para lutar?

_____

d) Grife no último parágrafo a moral transmitida por esse conto.

e) Releia o trecho abaixo.

> No entanto, ninguém nunca tinha visto o soldado lutar e isso tinha uma explicação muito simples: nosso soldado era totalmente **PA-CÍ-FI-CO**.

- Por que o termo **pacífico** está escrito com letras maiúsculas e com sílabas separadas?

_____

_____

_____

- Qual dos adjetivos abaixo poderia substituir o termo **pacífico** sem alterar o sentido do texto?

  ☐ calmo   ☐ amigo   ☐ experiente

f) Copie os adjetivos presentes no primeiro parágrafo do conto e o substantivo ao qual fazem referência.

_____

_____

2. Releia este trecho.

> E, como eram reinos faz de conta, em vez de fazer uma guerra normal e banal, decidiram que lutariam entre si o melhor soldado de cada reino.

- Copie na tabela os substantivos presentes no trecho e os artigos e adjetivos relacionados a cada um deles.

Artigos	Substantivos	Adjetivos

3. Complete as frases como no exemplo.

> Quem tem bondade é **bondoso**.

a) Quem tem alegria é _____.

b) Quem tem respeito é _____.

c) Quem tem inteligência é _____.

d) Quem tem carinho é _____.

4. Escolha um dos adjetivos do quadro para cada expressão e escreva-os ao lado das imagens.

> feliz   brava   assustado   doente   envergonhado   triste

a) _____

b) _____

c) _____

d) _____

e) _____

f) _____

5. Relacione as locuções adjetivas aos seus respectivos adjetivos.

A) animal do mar

B) amor de mãe

C) noite de inverno

D) raio de sol

E) flor do campo

☐ amor materno

☐ raio solar

☐ animal marinho

☐ flor campestre

☐ noite invernal

ORTOGRAFIA

Palavras com ce, ci, se ou si

1. Copie as palavras que contenham as sílabas indicadas nas colunas adequadas.

sereia	cicatriz	cegonha	cidade	cego
sítio	cesta	siri	celeste	cimento
cereja	setembro	ciclista	semente	sigilo
sinal	ciranda	secador	sideral	sereno

CE	CI	SE	SI

2. Escreva o nome dos objetos representados pelas imagens.

a)

b)

c)

d)

e)

f)

3. Observe, a seguir, um anúncio de uma campanha de conscientização.

> **A CONVERSA PODE ESPERAR. SUA VIDA, NÃO.**
>
> AO ENTRAR NO CARRO, SILENCIE O SEU CELULAR E NÃO ENVIE MENSAGENS DURANTE O TRAJETO.
>
> PERCEBA O RISCO. PROTEJA A VIDA.
>
> maioamarelo — ATENÇÃO PELA VIDA | DETRAN EDUCAÇÃO | DETRAN.RJ | GOV RJ

Anúncio da Campanha "Perceba o risco. Proteja a vida". Movimento Maio Amarelo, Detran RJ, 2020.

a) Quem produziu o anúncio?

___

___

b) Com qual finalidade?

___

___

c) Qual é o público-alvo do anúncio?

___

d) O texto do anúncio está escrito com letras maiúsculas. Por quê?

_____

e) Qual é a mensagem principal escrita no anúncio? Por que ela foi escolhida para ter o maior destaque?

_____

_____

_____

4. Encontre no diagrama as palavras **silencie** e **celular** e outras que tenham as sílabas **ce**, **ci**, **se**, **si**.

S	I	Q	R	H	I	M	R	K	B	M	B	A	C	W	C	E	L	E	I	R	O	T	B
I	H	C	E	L	U	L	A	R	A	Z	W	R	I	B	Q	Z	W	Z	K	C	Y	M	C
N	R	M	R	S	B	A	W	F	M	R	S	B	N	X	N	I	N	Q	S	V	I	N	O
A	J	X	Z	C	I	M	E	N	T	O	J	P	E	J	K	P	X	Ç	P	R	U	X	Í
L	L	A	Z	W	R	S	B	P	Y	A	C	X	M	K	M	J	S	E	N	H	A	Ç	R
M	R	H	C	S	I	L	E	N	C	I	E	Q	A	Y	Z	I	S	P	W	B	H	Q	O
S	Z	M	R	H	Q	M	R	S	B	M	B	A	Z	W	C	S	E	G	U	R	O	C	B

• Agora, escreva as palavras encontradas no diagrama no quadro abaixo, nas colunas adequadas.

CE	CI	SE	SI

5. Complete estas palavras com **ce**, **ci**, **se**, **si**. Depois, copie-as.

a) _____gonha _____

b) _____pó _____

c) _____ntoma _____

d) _____lindro _____

e) _____lebrar _____

f) _____lêncio _____

g) _____gredo _____

h) _____ia _____

i) _____leção _____

CAPÍTULO 22

GRAMÁTICA

Grau do adjetivo

Leia um trecho do cordel a seguir.

> [...]
> E, por fim, aterrissamos
> nesse mundo de magia
> onde até jabuticaba
> pesa mais que melancia,
> *milk-shake* corre em rios
> e domingo é todo dia
> [...]

Fábio Sombra. *No reino do vai não vem*. São Paulo: Scipione, 2013. p. 43.

As qualidades da jabuticaba e da melancia, mencionadas no poema, podem ser comparadas.

Jabuticaba é **mais pesada que** melancia.

Jabuticaba é **menos pesada que** melancia.

Jabuticaba é **tão pesada quanto** melancia.

Dizemos, então, que o adjetivo **pesada**, nas frases acima, está no **grau comparativo**.

> O **grau comparativo** serve para comparar uma mesma qualidade entre dois ou mais seres ou objetos.

O grau comparativo pode ser:
- de **superioridade**: mais... que ou mais... do que;
- de **inferioridade**: menos... que ou menos... do que;
- de **igualdade**: tão... quanto.

Os adjetivos **bom**, **mau**, **ruim**, **pequeno** e **grande** têm formas próprias para indicar o comparativo de superioridade, que são:

| bom → melhor | mau ou ruim → pior | pequeno → menor | grande → maior |

Leia a frase a seguir:

> Cauã está **animadíssimo**.

O adjetivo **animadíssimo** expressa que Cauã está muito animado. Esse adjetivo está no **grau superlativo**.

> O **grau superlativo** serve para expressar uma qualidade em grau elevado.

Veja no quadro abaixo alguns superlativos absolutos:

agradável →	agradabilíssimo	**feliz** →	felicíssimo
alto →	altíssimo	**fraco** →	fraquíssimo
amável →	amabilíssimo	**gentil** →	gentilíssimo
amigo →	amicíssimo	**infeliz** →	infelicíssimo
baixo →	baixíssimo	**inteligente** →	inteligentíssimo
bondoso →	bondosíssimo	**pouco** →	pouquíssimo
difícil →	dificílimo	**seco** →	sequíssimo
fácil →	facílimo	**triste** →	tristíssimo

Observe o superlativo dos adjetivos:

bom → ótimo	mau ou ruim → péssimo	pequeno → mínimo	grande → máximo

ATIVIDADES

1. Complete as frases colocando o adjetivo no grau solicitado.

a) Mariana é _____ distraída _____ Roberta. (comparativo de superioridade)

b) Hugo é _____ estudioso _____ Renato. (comparativo de igualdade)

c) A segunda temporada da série está _____ interessante _____ a primeira. (comparativo de inferioridade)

d) O sorvete de morango está _____ cremoso _____ o de abacaxi. (comparativo de igualdade)

e) A festa junina da escola é _____ decorada _____ a feira cultural.

f) A salada está _____ temperada _____ a farofa.

g) Meu desempenho em matemática foi _____ em língua portuguesa. (comparativo de igualdade).

2. Complete com o superlativo dos adjetivos.

a) árvore antiga → árvore _____

b) homem alto → homem _____

c) pele sensível → pele _____

d) cachorro feroz → cachorro _____

e) tempo agradável → tempo _____

3. Marque no quadro ao lado o grau do adjetivo comparativo empregado em cada frase.

a) O brigadeiro está tão doce quanto o bolo.

b) A árvore está mais alta do que a casa.

c) Essa menina é menos tranquila do que aquela.

d) Você é tão inteligente quanto eu.

e) O passeio foi mais animado que a festa.

f) O enfermeiro é tão importante quanto o médico.

g) A casa é menos fria que o apartamento.

Igualdade	Superioridade	Inferioridade

4. Complete o diagrama com os adjetivos dos superlativos a seguir.

1. amarguíssimo
2. amicíssimo
3. simpaticíssimo
4. dificílimo
5. riquíssimo
6. felicíssimo

5. Leia o trecho da notícia.

PARA 89% DOS PAIS, PANDEMIA FAZ COM QUE FILHOS PASSEM MAIS TEMPO NA TV, NO CELULAR E NO *VIDEO GAME*

Pesquisa Datafolha, encomendada pelo C6 Bank para medir os impactos da pandemia na educação, [...] mostra outros reflexos da quarentena imposta pelo coronavírus no comportamento de crianças e adolescentes: para 69% dos pais, os filhos ficaram mais dependentes; para 64%, ficaram mais irritados, ansiosos ou estressados; [...] e, para 45%, os filhos passaram a reclamar que se sentem sozinhos.

[...] Segundo o instituto, 24% dos brasileiros adultos possuem filhos com idades entre 6 e 18 anos. [...] Entre os que possuem filhos nesse recorte etário, 95% declararam que as crianças e adolescentes estão matriculados em escolas, sendo 81% nas unidades da rede pública, 12% na rede particular e 1% não respondeu.

Já a avaliação da experiência com o ensino remoto dividiu as opiniões dos pais: 38% classificaram como ótimo ou bom; 30%, como regular e 31%, como ruim ou péssimo. [...]

A satisfação com o ensino remoto também muda conforme a idade do aluno. Entre os mais velhos, com idades de 16 a 18 anos, o índice de aprovação chega a 45%. Já para os pais que têm filhos entre 6 e 10 anos, cai para 36%. [...]

Aline Mazzo. Para 89% dos pais [...]. *Jornal de Brasília*, [Brasília, DF], 10 jun. 2021. Disponível em: https://jornaldebrasilia.com.br/noticias/brasil/para-89-dos-pais-pandemia-faz-com-que-filhos-passem-mais-tempo-na-tv-no-celular-e-no-videogame/. Acesso em: 20 maio 2022.

a) Qual é o assunto da notícia?

_____

_____

b) Leia o trecho abaixo, que mostra a opinião dos pais sobre a experiência do ensino remoto dos filhos, de acordo com a pesquisa.

> Já a avaliação da experiência com o ensino remoto dividiu as opiniões dos pais: 38% classificaram como ótimo ou bom; 30%, como regular e 31%, como ruim ou péssimo. [...]

• Grife os quatro adjetivos que correspondem às opções que poderiam ser votadas pelos pais.

c) Escreva os adjetivos superlativos grifados no trecho do item anterior.

_____

ORTOGRAFIA

Palavras com x representando o som de s ou z

1. Leia as dicas de culinária abaixo e complete as palavras com as letras corretas dos parênteses.

> O conhecido molho vinagrete vai bem com diversos vegetais co_____idos (s/z) ou assados. E_____perimente (x/z) fazer vinagrete sem cebola para comer com pão no café da manhã. Fica delicioso!
>
> [...]
>
> A folha de louro realmente dá um sabor especial aos vegetais. A dica é simples: ao cozinhar os legumes, coloque algumas folhas de louro na água. Lembre-se de que você pode usar essa água para fazer arro_____ (x/z) ou complementar uma sopa, por e_____emplo (x/z).

Molho vinagrete.

Folhas de louro.

César Obeid. *Abecedário de aromas*: cozinhando com tempero e poesia. São Paulo: Editora do Brasil, 2017. p. 33 e 53.

a) Onde essas dicas foram publicadas?

_____

_____

b) Você já conhecia essas dicas? Alguém da sua família costuma fazer vinagrete ou usar folhas de louro ao cozinhar? Quem é essa pessoa?

_____

2. Localize no diagrama palavras com **x** e, depois, organize-as na tabela.

P	J	I	M	R	H	I	M	R	K	B	M	B	Á	Z	W	E	X	É	R	C	I	T	O	B
R	K	H	E	X	A	M	I	N	A	R	Z	W	R	S	B	I	Z	W	Z	K	C	P	I	C
Ó	Z	R	X	R	S	B	A	W	F	M	R	S	B	L	E	X	E	R	C	I	T	A	R	O
X	W	J	I	Z	M	Á	X	I	M	O	K	G	P	T	J	E	P	X	D	Ã	R	É	X	Í
I	Y	L	B	Z	W	R	S	B	A	Y	A	C	X	J	K	M	X	A	U	X	Í	L	I	O
M	B	R	I	C	A	P	R	O	X	I	M	A	R	M	Y	A	I	S	P	W	B	C	Q	O
O	S	I	R	R	H	I	M	R	S	B	M	B	Ã	Z	W	C	T	Ê	X	T	I	L	C	B

X com som de S	X com som de Z
_____	_____
_____	_____

CAPÍTULO 23

GRAMÁTICA

Numeral

Leia a parlenda a seguir.

> **Um**, **dois**,
> feijão com arroz
> **três**, **quatro**,
> feijão no prato
> **cinco**, **seis**,
> falar inglês
> **sete**, **oito**,
> comer biscoito
> **nove**, **dez**,
> comer pastéis!

Parlenda.

As palavras em destaque são **numerais**.

> **Numeral** é a palavra que indica quantidade, ordem, multiplicação ou fração.

O numeral pode ser: cardinal, ordinal, multiplicativo ou fracionário.

Numeral cardinal

Numeral cardinal é o que indica uma quantidade determinada.

Numerais cardinais			
um	oito	quinze	quarenta
dois	nove	dezesseis	cinquenta
três	dez	dezessete	sessenta
quatro	onze	dezoito	setenta
cinco	doze	dezenove	oitenta
seis	treze	vinte	noventa
sete	catorze/quatorze	trinta	cem

Numeral ordinal

Numeral ordinal é o que indica a ordem ou determina a posição ocupada em relação a outros objetos ou seres. Para indicá-lo com algarismos em uma frase escrita, usamos os sinais "º" ou "ª" ao lado dos números. Exemplos: 3º (terceiro); 12ª (décima segunda).

Numerais ordinais		
primeiro	undécimo/décimo primeiro	trigésimo
segundo	duodécimo/décimo segundo	quadragésimo
terceiro	décimo terceiro	quinquagésimo
quarto	décimo quarto	sexagésimo
quinto	décimo quinto	septuagésimo/setuagésimo
sexto	décimo sexto	octogésimo
sétimo	décimo sétimo	nonagésimo
oitavo	décimo oitavo	centésimo
nono	décimo nono	milésimo
décimo	vigésimo	milionésimo

Numeral multiplicativo

Numeral multiplicativo é aquele que indica a multiplicidade dos seres e objetos.

Numerais multiplicativos	
duplo	sêxtuplo
dobro	sétuplo
triplo	óctuplo
quádruplo	nônuplo
quíntuplo	décuplo

Numeral fracionário

Numeral fracionário é o que indica uma fração ou divisão.

Numerais fracionários				
meio	terço	quinto	sétimo	nono
metade	quarto	sexto	oitavo	décimo

ATIVIDADES

1. Escreva os numerais correspondentes às imagens.

a) **10**

_____

b) **5**

_____

c) **33º**

_____

d) **114**

_____

e) **59º**

_____

f) **2º**

_____

g) **17º**

_____

h) **98**

_____

i) **46º**

_____

j) **90º**

_____

Ilustrações: Claudia Marianno

2. Complete as frases utilizando os numerais do quadro.

| primeira | cinco | dobro | um quarto | meia dúzia | seis |

a) Carla foi a _____ colocada na corrida.

b) O _____ de _____ de ovos corresponde a uma dúzia de ovos.

c) Na fazenda do meu avô há _____ cavalos e _____ éguas.

d) Lucas comeu _____ da pizza.

3. Escreva, por extenso, o numeral ordinal que representa a posição de cada corredor.

Fábio   Juliano   Ivan   Paulo   Rafael

a) Rafael é o _____.

b) Paulo é o _____.

c) Ivan é o _____.

d) Juliano é o _____.

e) Fábio é o _____.

4. Complete as frases utilizando numerais multiplicativos. **Atenção**: conte as bolinhas nos retângulos para saber a quantidade que cada uma das crianças possui.

Júlia   Fernando   Sofia   João

a) Fernando tem o _____ da quantidade de bolinhas de Júlia.

b) João tem o _____ da quantidade de bolinhas de Fernando.

c) Sofia tem o _____ da quantidade de bolinhas de Fernando.

d) João tem o _____ da quantidade de bolinhas de Júlia.

e) Sofia tem o _____ da quantidade de bolinhas de Júlia.

5. Leia a notícia a seguir.

RÚSSIA É A MAIOR MEDALHISTA DOS JOGOS OLÍMPICOS DA JUVENTUDE

O Brasil teve 12 atletas representando o país, em seis modalidades

Partida entre Estados Unidos e Rússia na final masculina de hóquei no gelo. Jogos Olímpicos de Inverno da Juventude 2020. Lausanne, Suíça, 22 jan. 2020.

A edição de 2020 dos Jogos Olímpicos de Inverno da Juventude, que ocorreu entre 9 e 22 de janeiro na cidade de Lausanne, na Suíça, terminou com a Rússia conquistando o maior número de medalhas. O país levou 27 ao todo, sendo 9 de ouro, 10 de prata e 8 de bronze.

Apesar de não ter recebido nenhuma medalha, o Brasil também fez história nessa edição. O atleta Noah Bethonico, que competiu no **snowboard cross**, ficou em 11º lugar na modalidade, a melhor posição conquistada por um brasileiro na história dos Jogos Olímpicos de Inverno da Juventude.

Os Jogos Olímpicos de Inverno da Juventude acontecem a cada quatro anos e reúnem modalidades que podem ser disputadas no gelo e na neve. Os atletas devem ter entre 15 e 18 anos. Ao todo, 70 países participaram da terceira edição.

[...]

Rússia é a maior medalhista dos Jogos Olímpicos da Juventude. *Jornal Joca*, [s. l.], 22 jan. 2020. Disponível em: https://www.jornaljoca.com.br/russia-e-a-maior-medalhista-dos-jogos-olimpicos-da-juventude/. Acesso em: 12 maio 2022.

a) Qual é a fonte da notícia?

_____

b) Pela fonte, você consegue inferir o público-alvo dessa publicação? Qual é?

_____

c) Releia o título da notícia e o pequeno texto que o acompanha.

> **Rússia é a maior medalhista dos Jogos Olímpicos da Juventude**
> O Brasil teve 12 atletas representando o país, em seis modalidades

- Esse pequeno texto, chamado subtítulo, tem qual função nessa notícia? Assinale a alternativa correta.

☐ Ressaltar as informações apresentadas no título.

☐ Complementar as informações apresentadas no título.

☐ Despertar dúvidas em relação ao que foi informado no título.

d) Releia a notícia e escreva as informações solicitadas a seguir.

O que aconteceu?	
Quem participou do acontecimento?	
Quando aconteceu?	
Onde aconteceu?	
Como aconteceu?	
Por que aconteceu?	

6. Releia esta frase.

> O país levou 27 ao todo, sendo 9 de ouro, 10 de prata e 8 de bronze.

a) Escreva os numerais por extenso.

_____

b) Esses numerais são chamados de:

☐ ordinais   ☐ cardinais

☐ multiplicativos   ☐ fracionários

7. Releia este outro trecho da notícia.

> O atleta Noah Bethonico, que competiu no *snowboard cross*, ficou em **11º** lugar na modalidade [...].

a) Reescreva o trecho com o numeral, em destaque, por extenso.

_____

_____

b) Esse numeral é chamado de:

☐ fracionário   ☐ cardinal

☐ multiplicativo   ☐ ordinal

c) Suponha que o atleta Noah Bethonico tivesse ficado nos seguintes lugares na competição de *snowboard cross*:

22º   30º   47º   63º   81º

• Escreva por extenso esses numerais ordinais.

_____

_____

_____

_____

ORTOGRAFIA

Palavras com x representando o som de ch ou cs

1. Leia em voz alta as palavras do quadro e observe a sonoridade da letra **x**. Depois, separe-as em dois grupos, como indicado na tabela.

| caixa | táxi | xícara | enxada | látex |
| crucifixo | texugo | tórax | lixo | intoxicação |

X com som de CH	X com som de CS

2. Organize as sílabas e forme as palavras.

a) xi | o | gê | ni | o _____

b) fo | xo | sa | ne _____

c) drez | xa _____

d) xi | lar | ma _____

e) gar | en | xu _____

f) fle | vel | xí _____

g) pe | xa | ro _____

h) a | xi | ba | ca _____

3. Ligue as sílabas, forme as palavras e escreva-as.

a) be   la   _____

b) rou   **xi**   nol   _____

c) a   ga   _____

4. Leia este artigo científico, que explica a importância da ecotoxicologia.

QUE MISTURA É ESSA?

Águia-calva.

Vamos montar um quebra-cabeça de palavras. Pegue "eco" (= casa), junte com "toxi" (= tóxico) e, por último, acrescente "logia" (= estudo). O resultado – confere aí! – é "ecotoxicologia", certo? Essa é uma área da ciência que, podemos dizer, estuda as toxinas presentes na nossa casa. Ou melhor: estuda os efeitos de substâncias químicas no ambiente (que é a casa de todos) e também nos seres vivos. Parece que vai rolar uma química entre você e esse texto! Vem saber mais!

A ecotoxicologia é uma ciência que surgiu há, aproximadamente, 40 anos. Para os pesquisadores e pesquisadoras, tudo começou com o lançamento de um livro chamado *Primavera silenciosa*, da bióloga Rachel Carson. A autora colocou neste livro um monte de exemplos de problemas ambientais provocados por nós, seres humanos. Um desses exemplos é a relação entre o uso de um inseticida (substância utilizada para matar insetos) e a morte de diversas aves – entre elas a águia-calva, símbolo dos Estados Unidos.

O estudo das aves que se alimentavam de peixes que, por sua vez, se alimentavam de larvas de insetos contaminadas pelo tal inseticida revelou que os ovos que elas botavam apresentavam cascas muito frágeis. Então, quando as aves tentavam chocar seus ovos, eles acabavam se quebrando, o que diminuiu o número de indivíduos da águia-calva e de muitas outras espécies.

No fim das contas e para a felicidade das espécies afetadas, a produção e o uso desse inseticida acabaram sendo controlados. Mas este é apenas um exemplo de problema analisado pela ecotoxicologia, nem todos têm finais felizes.

[...]

Nos dias de hoje, há muito mais contaminantes sendo lançados na natureza do que há 40 ou 50 anos, e o avanço da industrialização e o crescimento da população fazem com que a degradação da natureza seja cada vez maior.

[...]

Para que a indústria produza mais, mais elementos naturais são retirados do ambiente. Ao mesmo tempo, mais lixo resultante da fabricação e do consumo dos produtos industrializados volta para o ambiente, e muitas vezes esse lixo não tem o destino adequado. Tanto com a produção quanto com lixo, o ambiente sofre as consequências, e a ecotoxicologia está atenta para tentar solucionar ou reduzir esse problema.

[...]

Que mistura é essa? *Ciência Hoje das Crianças*, Rio de Janeiro, 20 out. 2020. Disponível em: http://chc.org.br/artigo/que-mistura-e-essa/. Acesso em: 12 maio 2022.

a) Qual é o título do artigo?

_____

b) O título do artigo é uma pergunta. Em que trecho do texto está a resposta a essa pergunta? Transcreva-o abaixo.

_____

_____

_____

_____

c) Qual é o assunto do texto e onde ele foi publicado?

_____

_____

d) Esse artigo foi direcionado a qual público-alvo?

_____

_____

e) Antes de ler o artigo, você já tinha ouvido falar de ecotoxicologia? Pensando nisso, qual é a finalidade de artigos como esse?

_____

_____

_____

_____

5. Escreva na tabela as palavras do quadro abaixo, retiradas do artigo científico, conforme a classificação correta.

tóxico   peixes   toxinas   lixo

X com som de CH	X com som de CS

CAPÍTULO 24

GRAMÁTICA

Pronome

Leia a estrofe do poema e observe as palavras destacadas.

O menino Lê

No dia em que nasceu
Sua mãe o batizou:
Leandro Gomes de Barros.
Nome em verso! **Ela** pensou.
Mas como era um nome grande
Foi de Lê que **ela** o chamou.
[...]

André Salles Coelho. *O menino Lê*. Belo Horizonte: Dimensão, 2005. p. 7-8.

No texto, a palavra **ela** está substituindo um substantivo que já apareceu anteriormente na estrofe: **mãe**.

A palavra **ela** é um **pronome pessoal**.

> **Pronome** é a palavra que substitui o nome (o substantivo).

Observe:

mãe → ela
substantivo   pronome

Os pronomes pessoais podem ser:
- do caso reto;
- do caso oblíquo;
- de tratamento.

Esses pronomes são chamados de **pessoais** porque se referem diretamente às pessoas do discurso: **1ª pessoa**: quem fala (**eu**, **nós**); **2ª pessoa**: com quem se fala (**tu**, **vós**); **3ª pessoa**: de quem se fala (**ele**, **ela**, **eles**, **elas**).

Pronomes pessoais		
Pessoas do discurso	Caso reto	Caso oblíquo
1ª pessoa do singular	eu	me, mim, comigo
2ª pessoa do singular	tu	te, ti, contigo
3ª pessoa do singular	ele/ela	o, a, lhe, se, si, consigo
1ª pessoa do plural	nós	nos, conosco
2ª pessoa do plural	vós	vos, convosco
3ª pessoa do plural	eles/elas	os, as, lhes, se, si, consigo
Alguns pronomes de tratamento		
senhor (Sr.), senhora (Sr.ª), senhorita (Srta.)		tratamento formal para as pessoas em geral
Você		tratamento informal para as pessoas em geral
Vossa Excelência (V. Ex.ª)		autoridades
Vossa Alteza (V. A.)		príncipes e princesas
Vossa Majestade (V. M.)		reis, rainhas, imperadores e imperatrizes

ATIVIDADES

1. Circule as palavras do quadro abaixo que são pronomes pessoais do caso reto.

senhora   eu   convosco   ele   você   nós

comigo   elas   tu   vós   CONTIGO   lhes

2. Observe as imagens e reescreva as frases substituindo os pronomes pessoais do caso oblíquo destacados pelos substantivos que eles representam.

a) Vou colocá-**la** no vaso.

b) Preciso guardá-**los** na estante.

c) Preciso escová-**los**.

_____

_____

_____

3. Observe a cena e escolha o pronome de tratamento mais adequado à situação.

a)
- ☐ — Você pode me ajudar?
- ☐ — A senhora pode me ajudar?
- ☐ — Vossa Excelência pode me ajudar?

b)
- ☐ — Vossa Alteza pode me ajudar?
- ☐ — O senhor pode me ajudar?
- ☐ — Você pode me ajudar?

c)
- ☐ — O senhor pode me ajudar?
- ☐ — Vossa Excelência pode me ajudar?
- ☐ — Vossa Majestade pode me ajudar?

4. Leia trechos do livro *Máquinas do tempo* e vá preenchendo as lacunas com o pronome adequado.

_____ (Eu/Você/Ele) é igualzinho a seu avô José!

É assim que papai sempre fala quando _____ (nós/eles/eu) tenho uma ideia que _____ (ela/eu/ele) não espera.

_____ (Ele/Nós/Eu) sou criança e não paro quieto. Estou sempre correndo, andando de bicicleta, jogando *video game* ou navegando na internet. Como posso ser igual a _____ (elas/eu/ele)?

Vovô nunca recusa uma brincadeira nova. Mas os dedos dele são grossos e lentos. Não acompanham as imagens na tela. Em três segundos, _____ (tu/nós/ele) já perdeu. *Game over*!!!

Então, vovô abriu a maior porta do armário. _____ (Ela/Tu/Ele) estava lotado de caixas pretas, umas maiores, outras pequenininhas, com umas fitas pretas enroladas dentro.

_____ (Ela/Vós/Eu) e o vovô ficamos ali naquela garagem por muito tempo. Ouvindo, vendo, escrevendo, comparando. Montando, desmontando e montando de novo todos aqueles aparelhos.

[...]

Eu queria saber como funcionavam as máquinas antigas.

Ele queria saber como funcionam as máquinas novas.

_____ (Eles/Elas/Nós) dois queríamos descobrir o que dava para fazer de bom com cada uma delas.

Cassiana Pizaia, Rima Awada e Rosi Vilas Boas. *Máquinas do tempo*. São Paulo: Editora do Brasil, 2016. p. 5, 7 e 21-22.

- Agora, classifique os pronomes escolhidos para completar o texto quanto ao tipo, caso e pessoa do discurso.

_____

_____

ORTOGRAFIA

Palavras com e, ei ou i

1. Escreva o nome dos seres e objetos representados pelas imagens.

a) _____

b) _____

c) _____

d) _____

e) _____

f) _____

2. Ordene mentalmente as sílabas, escreva as palavras formadas e, depois, faça a separação silábica corretamente.

a) an | ça | cri

_____

_____

b) qui | si | es | to

_____

_____

c) lé | pri | vi | gi | o

_____

_____

d) te | ban | que

_____

_____

e) pa | ro | dei

_____

_____

f) nhei | di | ro

_____

_____

3. Leia a fábula e vá completando as palavras com **e**, **ei** ou **i**.

A raposa e o corvo

O corvo conseguiu arranjar um pedaço de qu_____jo, em algum lugar. Saiu voando, com o qu_____jo no bico, até pousar numa árvor_____.

Quando viu o qu_____jo, a raposa resolveu se apoderar del_____. Chegou ao pé da árvor_____ e começou a bajular o corvo:

— Ó s_____nhor corvo! O s_____nhor é certament_____ o mais belo dos animais! Se souber cantar tão bem quanto a sua plumagem é linda, não haverá av_____ que possa se comparar ao s_____nhor.

Acreditando nos elog_____os, o corvo pôs-se imediatament_____ a cantar para mostrar sua linda voz. Mas, ao abrir o b_____co, deixou cair o qu_____jo.

Mais que d_____pressa, a raposa abocanhou o qu_____jo e foi embora.

Brasil. Ministério da Educação. *Alfabetização*: livro do aluno – Contos tradicionais, fábulas, lendas e mitos. Brasília, DF: MEC, 2000. v. 2. p. 104. Disponível em: http://www.dominiopublico.gov.br/pesquisa/DetalheObraDownload.do?select_action=&co_obra=17405&co_midia=2. Acesso em: 20 maio 2022.

a) Quem são os personagens da fábula?

_____

b) Quando ocorreu a história?

_____

c) Releia a fábula e assinale a alternativa que indica a moral da história.

☐ Cuidado ao aceitar favores de estranhos.

☐ A gentileza de um amigo deve ser valorizada.

☐ Nem todo mundo que elogia tem boas intenções.

☐ Os preguiçosos colhem o que merecem.

d) Na fábula, o corvo acaba perdendo o queijo para a raposa. Que característica do corvo contribuiu para que isso acontecesse? Explique a sua resposta.

_____

_____

_____

4. Copie da fábula os adjetivos do terceiro e quarto parágrafos e os substantivos aos quais se referem.

_____

_____

5. Releia este trecho:

> – O senhor é certamente o mais belo dos animais! Se souber cantar tão bem quanto a sua plumagem é linda, não haverá ave que possa se comparar ao senhor.

a) Reescreva a fala da raposa, supondo que, em vez de um corvo, fossem dois. Faça as alterações necessárias.

_____

_____

_____

- Agora, sublinhe na fala que você reescreveu as palavras que sofreram alteração.

b) Escreva a seguir como ficaria a fala da raposa se, em vez de um corvo, fosse uma andorinha.

_____

_____

_____

c) Copie o pronome do trecho e classifique-o.

_____

6. Complete as palavras a seguir com **e**, **ei** ou **i**.

a) cad_____ado

b) _____nformação

c) int_____ro

d) d_____pressa

e) tapet_____

f) bo_____

g) gelad_____ra

h) cad_____ra

i) pát_____o

j) camp_____ão

k) l_____gação

l) árvor_____

CAPÍTULO 25

GRAMÁTICA

Verbo

Leia as frases do cartaz e observe as palavras destacadas no quadro ao lado dele.

> **São** as pequenas atitudes que **podem mudar** o mundo. **Preserve**.

As palavras destacadas no trecho descrito são **verbos**.

> **Verbo** é a palavra que indica ação, estado ou fenômeno da natureza.

O verbo varia em **número**, **pessoa**, **tempo** e **modo**.

Número

O verbo pode estar no **singular** ou no **plural**.
- Está no **singular** quando se refere a um ser único: **eu**, **tu**, **ele**, **ela**.
- Está no **plural** quando se refere a mais de um ser: **nós**, **vós**, **eles**, **elas**.

Pessoa

O verbo pode estar conjugado em **1ª**, **2ª** ou **3ª pessoa**:

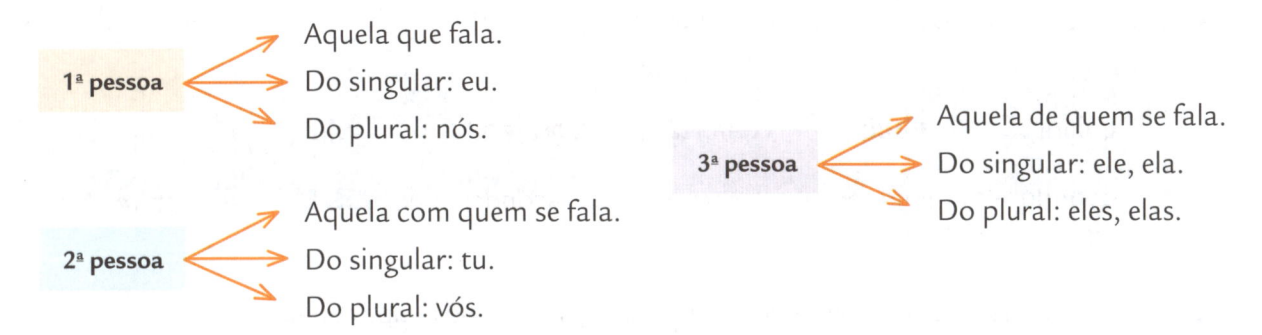

1ª pessoa
- Aquela que fala.
- Do singular: eu.
- Do plural: nós.

2ª pessoa
- Aquela com quem se fala.
- Do singular: tu.
- Do plural: vós.

3ª pessoa
- Aquela de quem se fala.
- Do singular: ele, ela.
- Do plural: eles, elas.

Tempo

São três os tempos do verbo: **presente**, **pretérito** e **futuro**.

Quando o verbo indica um fato que está acontecendo no momento que se fala, ele está no **tempo presente**. Exemplo:

> Eu **assisto** ao filme com meus amigos.

Quando o verbo indica um fato passado, já acontecido, ele está no **tempo pretérito** ou **passado**. Exemplo:

> O jogo **acabou** mais cedo ontem.

Quando o verbo indica um fato que ainda vai acontecer, ele está no **tempo futuro**. Exemplo:

> Amanhã, Carolina **irá** ao parque com sua mãe.

Modo

Os modos verbais são: **indicativo**, **subjuntivo** e **imperativo**.

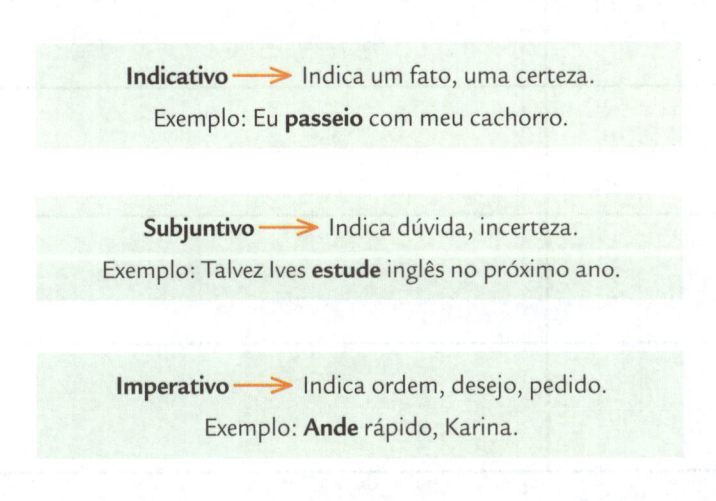

Indicativo → Indica um fato, uma certeza.
Exemplo: Eu **passeio** com meu cachorro.

Subjuntivo → Indica dúvida, incerteza.
Exemplo: Talvez Ives **estude** inglês no próximo ano.

Imperativo → Indica ordem, desejo, pedido.
Exemplo: **Ande** rápido, Karina.

ATIVIDADES

1. Circule as palavras do quadro que são verbos.

| colorir | você | confortável | preferir | feliz | viajar |
| quando | escrever | porém | esconder | ANTES | falar |

2. Complete as frases com os verbos do quadro conjugando-os no tempo correto.

> escolher   tirar   ganhar   viver   jogar   assistir   encontrar

a) No meu aquário _____ dez peixinhos.

b) Meu time _____ o torneio no ano passado.

c) Ela _____ à peça no último fim de semana.

d) Janaína _____ o bolo do forno agora.

e) Luan _____ um museu para ir amanhã.

f) Minhas tias e eu _____ meus avós ontem.

g) As meninas _____ bola amanhã.

3. Elabore as frases no tempo verbal solicitado, conforme o modelo.

Presente	Futuro do presente
Otávio estuda hoje.	Otávio estudará hoje.
Letícia come pouco.	
Gabriel joga bola.	
Melissa brinca muito.	
Rafael dorme cedo.	

4. Escreva no diagrama os verbos correspondentes às expressões do quadro.

1. fazer perguntas
2. dar apoio
3. fazer desenhos
4. dar amor
5. dar pulos
6. fazer bagunça
7. fazer compras
8. dar abraços

5. Escreva uma frase para cada imagem. Em seguida, circule os verbos que você usou.

a)

b)

c)

6. Leia este texto.

MATACUZANA, O QUE É ISSO?!?!

A matacuzana é um jogo de origem africana muito popular em Moçambique. O bom dele é que você pode se divertir em qualquer lugar, só precisa ter algumas pedrinhas. Essa brincadeira foi trazida para o Brasil pelos escravos e deu origem a outros jogos com pedras, como "três-marias" e "chocos". Então, vamos brincar?!

Como jogar

Antes de começar, você deve providenciar algumas pedrinhas e fazer um buraco no chão. Se você estiver dentro de casa, recorte um círculo de papel e coloque-o no chão para fingir que é um buraco. Agora, reúna alguns amigos, cada um com uma pedrinha na mão, e encha o buraco com outras pedrinhas.

O objetivo da brincadeira é jogar a sua pedrinha para cima, tirar uma das pedrinhas do buraco e pegar de volta a sua antes de ela cair no chão. Joga uma pessoa por vez. Cada um deve ir jogando até errar ou esvaziar todo o buraco. Quem erra passa a vez. Ah! Claro que vence quem tirar o maior número de pedrinhas!

Se esse objetivo parecer muito fácil para você e a sua turma, há algumas maneiras de elevar o nível de dificuldade da brincadeira. Que tal tirar duas pedrinhas do buraco em vez de uma? Ou bater palmas depois de lançar a pedrinha para o alto? Tente! Se ainda assim vocês acharem moleza, inventem outras maneiras de complicar!

Matacuzana, o que é isso? *Ciência Hoje das Crianças*, Rio de Janeiro, c.2022. Disponível em: http://chc.org.br/acervo/matacuzana-o-que-e-isso-2/. Acesso em: 11 jul. 2022.

Regras são normas que regulam o comportamento de um grupo de pessoas, de uma comunidade, de um país. Elas estão presentes na escola, dentro da família, na cidade, entre outros lugares, e têm a função de manter uma ordem e uma boa convivência entre as pessoas.

Em um **jogo**, as regras têm a função de orientar os participantes sobre o passo a passo da brincadeira, de modo que possam realizá-la de forma correta.

---

a) Em que parte do texto estão as orientações do passo a passo do jogo?

_____

b) Qual é o objetivo do texto?

_____

c) Onde o texto foi publicado?

_____

d) Com base na fonte do texto, responda: Qual é o público-alvo dessa publicação?

_____

> Nas **regras do jogo**, costuma-se usar verbos no modo **imperativo** para expressar ordem, orientação. Exemplo: "**jogue** o dado", "**escolha** um participante", "**pule** duas casas".

7. Observe os verbos destacados no trecho a seguir.

> Antes de começar, você **deve providenciar** algumas pedrinhas e **fazer** um buraco no chão. Se você estiver dentro de casa, **recorte** um círculo de papel e **coloque**-o no chão para fingir que é um buraco. Agora, **reúna** alguns amigos, cada um com uma pedrinha na mão, e **encha** o buraco com outras pedrinhas.

- O que esses verbos expressam? Assinale a alternativa correta.

  ☐ Incerteza, indecisão.   ☐ Dúvida, questionamento.

  ☐ Ordem, orientação.   ☐ Emoção, comoção.

8. Releia o trecho a seguir.

> A matacuzana é um jogo de origem africana muito popular em Moçambique. O bom dele é que você pode se divertir em qualquer lugar, só precisa ter algumas pedrinhas.

a) Copie todos os verbos presentes nesse trecho.

_____

b) Imagine que esse jogo tenha existido somente no passado e um familiar idoso está lhe contando como era. Reescreva o trecho usando os verbos no pretérito.

_____

_____

c) Agora, copie esse mesmo trecho, substituindo o pronome de tratamento **você** por **vocês**. Faça as modificações necessárias.

_____

_____

_____

ORTOGRAFIA

Prefixos in-/im- e des- para formar antônimos

> **Prefixo** é um pequeno conjunto de letras que colocamos no início de uma palavra com a intenção de alterar o seu significado.

1. Escreva os antônimos das palavras usando **in-/im-** ou **des-**.

a) animado _____

b) adiável _____

c) empregar _____

d) paciente _____

e) acelerado _____

f) pessoal _____

g) certo _____

h) pagável _____

2. Circule as palavras do quadro **A** cujos antônimos estão no quadro **B**. Depois, escreva os pares de antônimos nas linhas abaixo dos quadros.

A

| completo | fiel | válido | enrolar |
| protegido | possível | cobrir | carregar |

B

| imprevisto | imperfeito | incompleto | descarregar |
| impossível | descobrir | desprotegido | inválido |

_____   _____

_____   _____

_____   _____

3. Complete as frases a seguir com o antônimo de cada palavra do quadro abaixo. Use o mais adequado para cada contexto.

previsto   necessário   certo   produtivo

a) O trabalho foi _____ em razão do mau tempo.

b) O guarda-chuva foi _____, pois não choveu.

c) O resultado da disputa é _____, disse o especialista.

d) Alex teve um _____ e chegou atrasado para o almoço.

170

4. Leia o poema de Roseana Murray.

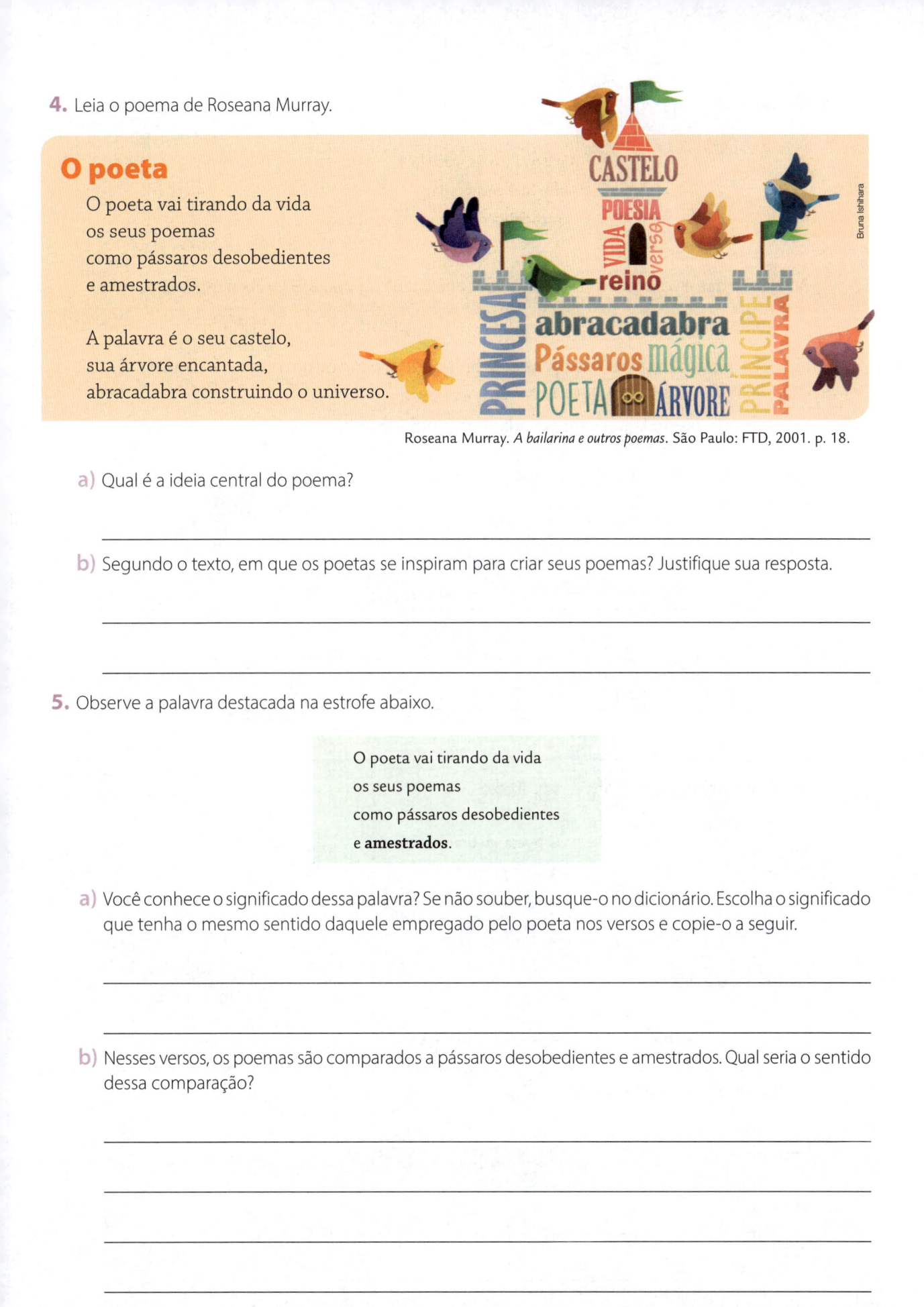

O poeta

O poeta vai tirando da vida
os seus poemas
como pássaros desobedientes
e amestrados.

A palavra é o seu castelo,
sua árvore encantada,
abracadabra construindo o universo.

Roseana Murray. *A bailarina e outros poemas*. São Paulo: FTD, 2001. p. 18.

a) Qual é a ideia central do poema?

_____

b) Segundo o texto, em que os poetas se inspiram para criar seus poemas? Justifique sua resposta.

_____

_____

5. Observe a palavra destacada na estrofe abaixo.

> O poeta vai tirando da vida
> os seus poemas
> como pássaros desobedientes
> e **amestrados**.

a) Você conhece o significado dessa palavra? Se não souber, busque-o no dicionário. Escolha o significado que tenha o mesmo sentido daquele empregado pelo poeta nos versos e copie-o a seguir.

_____

_____

b) Nesses versos, os poemas são comparados a pássaros desobedientes e amestrados. Qual seria o sentido dessa comparação?

_____

_____

_____

_____

6. Releia os versos.

> A palavra é o seu castelo,
> sua árvore encantada,
> abracadabra construindo o universo.

a) Ao afirmar que a palavra é o castelo, a árvore encantada do poeta, o eu lírico está dizendo que:

☐ as palavras podem ser encontradas nos livros e têm um único significado.

☐ as palavras são a matéria-prima do poeta e fazem parte de um mundo encantado, que oferece infinitas opções de significados.

☐ as palavras podem ser encontradas nos contos de fada.

b) Relacione o sentido dos dois primeiros versos com a palavra **abracadabra**, presente no último verso dessa estrofe.

_____
_____
_____
_____

7. Observe a palavra destacada nos versos abaixo.

> O poeta vai tirando da vida
> os seus poemas
> como pássaros **desobedientes**
> e amestrados.

a) Qual é o seu antônimo?

_____

b) Escreva o antônimo das palavras a seguir. Depois, assinale aquela que forma o antônimo do mesmo modo que a palavra **obedientes**.

☐ capaz _____

☐ prudente _____

☐ contente _____

☐ feliz _____

CAPÍTULO 26

GRAMÁTICA

Conjugações dos verbos

Para conjugar os verbos, nós os agrupamos em conjuntos chamados **conjugações**.

Há três conjugações:

> 1ª **conjugação** – todos os verbos terminados em **ar**.
> 2ª **conjugação** – todos os verbos terminados em **er**.
> 3ª **conjugação** – todos os verbos terminados em **ir**.

Observe as imagens e as palavras em destaque abaixo delas.

Jogar bola.　　　**Escrever** um texto.　　　**Partir** a torta.

Esses verbos estão no **infinitivo**. Nessa forma, conseguimos diferenciar as conjugações às quais eles pertencem:

- O verbo **jogar** pertence à **primeira conjugação**, porque termina em **ar**.
- O verbo **escrever** pertence à **segunda conjugação**, porque termina em **er**.
- O verbo **partir** pertence à **terceira conjugação**, porque termina em **ir**.

Primeira conjugação: terminação em ar

Observe como se conjuga um verbo da **1ª conjugação**.

Cantar			
Presente		Pretérito imperfeito	
Eu canto	Nós cantamos	Eu cantava	Nós cantávamos
Tu cantas	Vós cantais	Tu cantavas	Vós cantáveis
Ele / Ela / Você canta	Eles / Elas / Vocês cantam	Ele / Ela / Você cantava	Eles / Elas / Vocês cantavam
Pretérito perfeito		Pretérito mais-que-perfeito	
Eu cantei	Nós cantamos	Eu cantara	Nós cantáramos
Tu cantaste	Vós cantastes	Tu cantaras	Vós cantáreis
Ele / Ela / Você cantou	Eles / Elas / Vocês cantaram	Ele / Ela / Você cantara	Eles / Elas / Vocês cantaram
Futuro do presente		Futuro do pretérito	
Eu cantarei	Nós cantaremos	Eu cantaria	Nós cantaríamos
Tu cantarás	Vós cantareis	Tu cantarias	Vós cantaríeis
Ele / Ela / Você cantará	Eles / Elas / Vocês cantarão	Ele / Ela / Você cantaria	Eles / Elas / Vocês cantariam

Segunda conjugação: terminação em er

Observe como se conjuga um verbo da **2ª conjugação**.

Vender			
Presente		Pretérito imperfeito	
Eu vendo	Nós vendemos	Eu vendia	Nós vendíamos
Tu vendes	Vós vendeis	Tu vendias	Vós vendíeis
Ele / Ela / Você vende	Eles / Elas / Vocês vendem	Ele / Ela / Você vendia	Eles / Elas / Vocês vendiam
Pretérito perfeito		Pretérito mais-que-perfeito	
Eu vendi	Nós vendemos	Eu vendera	Nós vendêramos
Tu vendeste	Vós vendestes	Tu venderas	Vós vendêreis
Ele / Ela / Você vendeu	Eles / Elas / Vocês venderam	Ele / Ela / Você vendera	Eles / Elas / Vocês venderam
Futuro do presente		Futuro do pretérito	
Eu venderei	Nós venderemos	Eu venderia	Nós venderíamos
Tu venderás	Vós vendereis	Tu venderias	Vós venderíeis
Ele / Ela / Você venderá	Eles / Elas / Vocês venderão	Ele / Ela / Você venderia	Eles / Elas / Vocês venderiam

Terceira conjugação: terminação em ir

Observe como se conjuga um verbo da **3ª conjugação**.

Partir			
Presente		Pretérito imperfeito	
Eu part**o**	Nós part**imos**	Eu part**ia**	Nós part**íamos**
Tu part**es**	Vós part**is**	Tu part**ias**	Vós part**íeis**
Ele / Ela / Você part**e**	Eles / Elas / Vocês part**em**	Ele / Ela / Você part**ia**	Eles / Elas / Vocês part**iam**
Pretérito perfeito		Pretérito mais-que-perfeito	
Eu part**i**	Nós part**imos**	Eu part**ira**	Nós part**íramos**
Tu part**iste**	Vós part**istes**	Tu part**iras**	Vós part**íreis**
Ele / Ela / Você part**iu**	Eles / Elas / Vocês part**iram**	Ele / Ela / Você part**ira**	Eles / Elas / Vocês part**iram**
Futuro do presente		Futuro do pretérito	
Eu part**irei**	Nós part**iremos**	Eu part**iria**	Nós part**iríamos**
Tu part**irás**	Vós part**ireis**	Tu part**irias**	Vós part**iríeis**
Ele / Ela / Você part**irá**	Eles / Elas / Vocês part**irão**	Ele / Ela / Você part**iria**	Eles / Elas / Vocês part**iriam**

ATIVIDADES

1. Copie os verbos do quadro abaixo nas colunas adequadas da tabela.

dividir	escrever	beber	repartir	voar
falar	molhar	vender	sair	fazer
correr	andar	sorrir	conversar	partir

1ª conjugação	2ª conjugação	3ª conjugação

2. Observe as cenas e complete as frases respeitando o verbo e o tempo verbal indicados.

a) Nós _____ (regar, presente) a horta. Logo _____ (colher, futuro do presente) os alimentos.

b) Ela _____ (estudar, pretérito perfeito) a tarde toda. Amanhã ela _____ (fazer, futuro do presente) a prova.

3. Leia o trecho a seguir e, em seguida, faça o que se pede.

> Todas as noites, a mãe de Franklin pegava uma lanterna e iluminava por dentro do seu casco.
> — Veja, não há nada do que ter medo!
> Ela sempre dizia isso. Mas Franklin estava certo de que monstros e seres assustadores viviam dentro de seu pequeno e escuro casco.

Paulette Bourgeois e Brenda Clark. *Franklin tem medo do escuro*. São Paulo: Melhoramentos, 1997. p. 9.

a) Circule os verbos do trecho lido.

b) Reescreva o primeiro parágrafo no tempo presente.

_____

_____

c) Sublinhe o trecho que é fala de alguém.

d) A fala que você sublinhou é de qual personagem?

_____

e) Copie o verbo de elocução usado para indicar essa fala.

_____

> Para indicar a fala de alguém no **discurso direto**, usa-se travessão ou aspas.

f) Que sinal de pontuação foi empregado para indicar essa fala? _____

4. Leia um trecho do conto de fadas a seguir.

Rumpelstichen

Era uma vez um moleiro muito pobre, que tinha uma filha linda. Um dia ele se encontrou com o rei e, para se dar importância, disse que sua filha sabia fiar palha, transformando-a em ouro.

— Esta é uma habilidade que me encanta — disse o rei. — Se é verdade o que diz, traga sua filha amanhã cedo ao castelo. Eu quero pô-la à prova.

No dia seguinte, quando a moça chegou, o rei levou-a para um quartinho cheio de palha, entregou-lhe uma roda e uma bobina e disse:

— Agora, ponha-se a trabalhar. Se até amanhã cedo não tiver fiado toda esta palha em ouro, você morrerá! — Depois saiu, trancou a porta e deixou a filha do moleiro sozinha.

[...]

Brasil. Ministério da Educação. *Alfabetização*: livro do aluno – Contos tradicionais, fábulas, lendas e mitos. Brasília, DF: MEC, 2000. v. 2. p. 24. Disponível em: http://www.dominiopublico.gov.br/pesquisa/DetalheObraDownload.do?select_action=&co_obra=17405&co_midia=2. Acesso em: 20 maio 2022.

a) Sublinhe com um traço os trechos que são falas de alguém.

b) As falas que você sublinhou com um traço são de qual personagem?

_____

c) Transcreva o verbo de elocução usado para indicar essa fala.

_____

> Quando um narrador ou outro personagem descreve a fala de alguém, sem reproduzi-la diretamente, emprega-se o **discurso indireto**.
>
> No discurso indireto, também são empregados **verbos de elocução**.

d) Circule o trecho em que o narrador descreve a fala de outra pessoa.

e) Copie o verbo de elocução usado pelo narrador para descrever a fala do personagem.

_____

5. Relacione as informações abaixo aos verbos a que elas correspondem.

a) 3ª pessoa do singular / Pretérito imperfeito — viajaremos

b) 1ª pessoa do singular / Presente — comeram

c) 3ª pessoa do plural / Pretérito imperfeito — ria

d) 3ª pessoa do plural / Futuro do presente — canto

ORTOGRAFIA

Prefixos anti-, mini- e semi-

> **Prefixo** é um conjunto pequeno de letras que colocamos no início de uma palavra com a intenção de alterar o seu significado.
>
> Nos prefixos **anti-**, **mini-** e **semi-** usa-se hífen apenas quando a palavra a que eles se juntam começa com a vogal **i** ou com a consoante **h**.

1. Ligue os prefixos **anti-**, **mini-** e **semi-** às palavras. Depois, escreva as palavras que você formou.

anti-
- gripal
- aberto

mini-
- analfabeto
- biblioteca

semi-
- bacteriano
- conto

a) _____
b) _____
c) _____
d) _____
e) _____
f) _____

2. Preencha o diagrama conforme as pistas do quadro. **Dica**: todas as palavras possuem os prefixos **anti-**, **mini-** ou **semi-**. Lembre-se de empregar o hífen quando necessário.

1. Seriado de televisão exibido em poucos capítulos.
2. A metade de um círculo.
3. *Pizza* pequena.
4. Previne ou combate a caspa.
5. Remédio que combate a inflamação.

178

3. Leia o texto a seguir, de César Obeid.

> **Banana com óleo de coco e canela**
>
> Em uma frigideira **antiaderente**, aqueça uma colher de sopa de óleo de coco (o melhor óleo para refogar alimentos). Coloque para refogar, por alguns segundos, rodelas de banana. Salpique canela para servir. Fica uma delícia!

César Obeid. *Abecedário de aromas*: cozinhando com tempero e poesia. São Paulo: Editora do Brasil, 2017. p. 13.

a) Você já experimentou essa sobremesa? Conhece alguma variação dela? Se sim, compartilhe com os colegas e o professor.

_____

b) Em sua opinião, o texto apresenta informações suficientes para colocar a receita em prática? Explique sua resposta.

_____

_____

c) Observe que a palavra **antiaderente**, em destaque no texto, não possui hífen. Complete as palavras seguintes com os prefixos **anti-**, **mini-** e **semi-**, empregando hífen se necessário. Depois, escreva cada palavra completa.

Palavras com prefixo anti-

_____ pático _____

_____ biótico _____

_____ inflamatório _____

_____ herói _____

Palavras com prefixo mini-

_____ atura _____

_____ hotel _____

Palavras com prefixo semi-

_____ final _____

_____ intensivo _____

_____ desnatado _____

_____ novo _____

CAPÍTULO 27

GRAMÁTICA

Oração: sujeito e predicado

Leia a parlenda.

Cadê o toucinho que estava aqui?

Cadê o toucinho que estava aqui?
O gato comeu
Cadê o gato?
Foi para o mato
Cadê o mato?
O fogo queimou
Cadê o fogo?
A água apagou
Cadê a água?
O boi bebeu
Cadê o boi?
Amassando o trigo
Cadê o trigo?
A galinha espalhou
Cadê a galinha?
Botando ovo
Cadê o ovo?
O padre comeu
Cadê o padre?
Está na igreja
Como é que se vai à igreja?
Por aqui, por aqui, por aqui!

Parlenda.

Os versos em destaque da parlenda são exemplos de **orações**.

> **Oração** é uma palavra ou um conjunto de palavras que transmite uma informação. A oração tem sempre um **verbo**.

Em uma oração, geralmente há dois termos importantes: o **sujeito** e o **predicado**.
Leia a oração a seguir.

O gato comeu.

Quem comeu? O **gato**.
O **gato** é o **sujeito** da oração, porque foi sobre o gato que informamos alguma coisa.

> **Sujeito** é aquele ou aquilo de que se diz alguma coisa.

Para encontrar o sujeito, basta perguntar **o que é quê**? ou **quem é quê**? ao verbo. A resposta a essas perguntas será o sujeito.
Observe agora a pergunta a seguir.
O que fez o gato? **Comeu**.
Comeu é o **predicado** da oração.

> **Predicado** é tudo aquilo que se informa sobre o sujeito.

Em uma oração, retirando-se o sujeito, tudo o que sobrar será o **predicado**.
Exemplo:

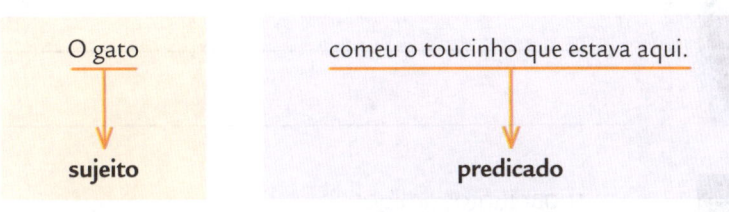

O gato	comeu o toucinho que estava aqui.
↓	↓
sujeito	predicado

ATIVIDADES

1. Sublinhe os sujeitos e, depois, reescreva as frases colocando o sujeito no início da oração. Veja o exemplo.

> Estava animada **a festa**. → **A festa** estava animada.

a) Ficaram cansados os jogadores.

_____

b) Com as amigas ela brincou.

_____

c) São meios de transporte o carro e o trem.

_____

2. Observe as imagens e forme frases completas usando as palavras dos quadros.

a) caminhar parque sábados

_____

b) ouvir música adora

_____

c) estudar juntos amigos

_____

3. Associe o sujeito ao predicado.

a) Eles ☐ visitaremos as crianças amanhã.

b) Paloma ☐ doaram roupas para a campanha da escola.

c) Eu ☐ foi à praia no fim de semana.

d) Nós ☐ viajei com meus amigos.

4. Leia a notícia.

JACARÉ COM CERCA DE 2 METROS É ENCONTRADO EM PRAIA DE SALVADOR

Caso aconteceu no início da manhã desta quinta-feira (15). Animal foi resgatado por guardas municipais e levado para o Centro de Triagem para Animais Silvestres.

Um jacaré foi encontrado no início da manhã desta quinta-feira (15), na praia de Jaguaribe, em Salvador. O animal tem cerca de 2 metros de comprimento e pesa quase 30 kg. [...]

O jacaré foi resgatado por agentes do Grupo Especial de Proteção Ambiental da Guarda Civil Municipal (GEPA/GCM) e da Companhia de Polícia de Proteção Ambiental (Coppa) da Polícia Militar. A praia onde o animal foi encontrado fica perto do Rio Jaguaripe, na região conhecida como Terceira Ponte. A suspeita é que o réptil tenha saído de lá.

Inicialmente, a Guarda Municipal informou que o jacaré era da espécie Coroa, mas, após uma análise de especialistas, o Instituto do Meio Ambiente e Recursos Hídricos (Inema) informou que se trata de um jacaré-anão, espécie comum na Bahia.

Os agentes levaram o jacaré para o Centro de Triagem para Animais Silvestres do Inema, onde ele vai ser avaliado. O animal foi devolvido à natureza na sexta-feira (16), após receber um chip para ser monitorado pelos órgãos ambientais.

A Guarda Municipal informou que, desde 2014, já foram resgatados mais de 5 400 animais silvestres em Salvador, sendo 949 em 2020.

A PM orientou que, em casos como esse, a população sempre acione a corporação, através do telefone 190.

Jacaré com cerca de 2 metros é encontrado na praia de Jaguaribe, em Salvador.

Jacaré com cerca de 2 metros é encontrado em praia de Salvador. *G1*, Bahia, 15 out. 2020. Disponível em: https://g1.globo.com/ba/bahia/noticia/2020/10/15/jacare-com-cerca-de-2-metros-e-encontrado-em-praia-de-salvador-video.ghtml. Acesso em: 11 jul. 2022.

a) Pelo título, já é possível descobrir o assunto da notícia. O **subtítulo**, nesse caso, tem qual finalidade? Assinale a resposta correta.

☐ Repetir as informações apresentadas no título.

☐ Complementar as informações fornecidas no título.

☐ Questionar as informações apresentadas no título.

b) Onde a notícia foi publicada? É uma fonte *on-line* ou impressa?

_____

c) Releia a notícia e escreva as informações solicitadas na tabela.

O que aconteceu?	
Quem participou do acontecimento?	
Quando aconteceu?	
Onde aconteceu?	
Como aconteceu?	

5. Sublinhe com dois traços o sujeito e, com um traço, o predicado.

a) Guardas municipais resgataram jacaré com cerca de 2 metros.

b) "O animal resgatado tem cerca de 2 metros de comprimento [...]"

c) Agentes da Companhia de Polícia de Proteção Ambiental resgataram mais de 5 400 animais silvestres em Salvador.

ORTOGRAFIA

Prefixos super- e ultra-

> **Prefixo** é um pequeno conjunto de letras que colocamos no início de uma palavra com a intenção de alterar o seu significado.
>
> No caso de **super-**, emprega-se hífen quando a palavra que se junta ao prefixo começar com as consoantes **r** ou **h**.
>
> No caso de **ultra-**, emprega-se hífen quando a palavra que se junta ao prefixo começar com a vogal **a** ou com a consoante **h**.

1. Leia um trecho do verbete de enciclopédia a seguir.

Super-herói

Dotados de poderes incríveis, os super-heróis nasceram nas histórias em quadrinhos (HQs) dos autores americanos. Geralmente, são seres humanos aparentemente comuns, mas capazes de feitos inacreditáveis (voar velozmente, congelar o inimigo, ficar invisível ou ter força descomunal).

Os super-heróis são avessos às injustiças sociais. Eles têm sempre uma missão a cumprir e um vilão (ou vários vilões) para encarar. Costumam manter sua identidade em segredo.

Batman é um dos mais famosos super-heróis dos dias de hoje.

Alguns dos super-heróis mais famosos ainda nos dias de hoje são o Super-Homem, o Homem-Aranha e Batman. Mas muitos outros fizeram sucesso em outras épocas, como Flash Gordon (criado em 1934), o Capitão América (de 1941), Aquaman (de 1941) e o Surfista Prateado (de 1961).

[...]

Super-herói. *In*: BRITANNICA ESCOLA. Chicago: Britannica Digital Learning, c2022. Enciclopédia digital.

a) Qual é a finalidade desse texto?

_____

b) Onde o texto foi publicado?

_____

c) Observe a fonte de onde foi extraído o verbete e responda: Qual é o público-alvo do texto?

_____

185

d) Releia o verbete e preencha o quadro com as informações que ele apresenta.

Título do verbete	
Origem dos super-heróis	
Definição dos super-heróis	
Detalhamento sobre os super-heróis	São avessos	
	Lutam contra	
	Mantêm em segredo	
	Precisam cumprir	
Nomes de alguns super-heróis	

2. Observe que **super-herói** e **Super-Homem** têm hífen. Complete as palavras seguintes com o prefixo **super-**, empregando o hífen se necessário. Depois, escreva cada palavra completa.

a) _____ mercado _____

b) _____ real _____

c) _____ visão _____

3. Complete as palavras seguintes com o prefixo **ultra-**, empregando o hífen se necessário.

a) _____ passagem _____

b) _____ violeta _____

c) _____ humano _____

- Agora, encaixe as palavras no diagrama.

CAPÍTULO 28

GRAMÁTICA

Advérbio

Leia a tirinha do Chico Bento e observe as palavras destacadas.

Mauricio de Sousa. *As melhores tiras do Chico Bento*. Barueri: Panini, 2008. v. 1, p. 115.

As palavras **antes** e **amanhã** são advérbios.

> **Advérbio** é a palavra que modifica o verbo, o adjetivo ou outro advérbio indicando circunstâncias de tempo, modo, intensidade etc.

Conforme as circunstâncias que expressam, os advérbios são classificados como:

de lugar	aqui, ali, aí, lá, perto, longe, dentro, fora, acima, abaixo, debaixo, defronte etc.
de tempo	hoje, amanhã, ontem, cedo, agora, antes, depois, logo, então, já etc.
de modo	bem, mal, assim, depressa, devagar, calmamente, friamente, normalmente etc.
de afirmação	sim, certamente, realmente, com certeza etc.
de negação	não, nunca, jamais etc.
de dúvida	talvez, acaso, provavelmente, possivelmente etc.
de intensidade	muito, pouco, bastante, mais, menos, tão, tanto, quase, demais etc.

Há também os **advérbios interrogativos**:

de lugar	onde?
de modo	como?
de tempo	quando?
de causa	por quê?

ATIVIDADES

1. Circule os advérbios das frases e classifique-os.

a) Bruno chegará amanhã de São Paulo. _____

b) Certamente nós viajaremos nas férias. _____

c) Minha irmã foi embora, pois não se sentia bem. _____

d) Giovana comemorou bastante sua formatura. _____

e) Talvez ela faça uma festa de aniversário. _____

f) Nesta cidade, todos andam depressa. _____

2. Reescreva as orações, trocando o advérbio em destaque por outro que tenha sentido contrário.

a) Eu moro bem **perto** de você!

_____

b) E lá foi a menina morro **acima**!

_____

c) Eu adoro acordar **tarde**, e você?

_____

d) Você sabe que como **muito**!

_____

3. Complete as frases com os advérbios interrogativos do quadro. Ao escolher, atente-se para o contexto de cada uma delas..

| Quando | Como | Por que | Onde |

a) _____ você não quis sair no final de semana?

b) _____ foi seu dia na escola?

c) _____ ele estava durante o dia todo?

d) _____ será a apresentação de teatro?

4. Leia a fábula a seguir.

Os viajantes e o urso

Dois homens viajavam juntos quando, de repente, surgiu um urso de dentro da floresta e parou diante deles, urrando. Um dos homens tratou de subir na árvore mais próxima e agarrar-se aos ramos. O outro, vendo que não tinha tempo para esconder-se, deitou-se no chão, esticado, fingindo de morto, porque ouvira dizer que os ursos não tocam em homens mortos.

O urso aproximou-se, cheirou o homem deitado, e voltou de novo para a floresta.

Quando a fera desapareceu, o homem da árvore desceu apressadamente e disse ao companheiro:

Vi o urso a dizer alguma coisa no teu ouvido. Que foi que ele disse?

Disse que eu nunca viajasse com um medroso.

Na hora do perigo é que se conhece os amigos.

Brasil. Ministério da Educação. *Alfabetização*: livro do aluno – Contos tradicionais, fábulas, lendas e mitos. Brasília, DF: MEC, 2000. v. 2. p. 98. Disponível em: www.dominiopublico.gov.br/download/texto/me001614.pdf. Acesso em: 20 maio 2022.

> As **fábulas** são narrativas curtas com poucos personagens, que se passam em um breve intervalo de tempo e, geralmente, em um só lugar.

a) Quem são os personagens da fábula?

_____

b) Onde se passa a história? Copie o trecho que demonstra esse local.

_____

_____

c) Numere os acontecimentos da história na sequência em que ocorreram.

☐ O outro homem, não tendo tempo para fugir, fingiu-se de morto no chão.

☐ De repente, um urso surgiu diante dos viajantes, urrando.

☐ Quando o urso foi embora, o viajante que estava em cima da árvore desceu e perguntou ao outro o que o urso havia falado para ele.

☐ Dois homens estavam viajando juntos.

☐ O urso aproximou-se e cheirou o homem que estava deitado e voltou para a floresta.

☐ O outro homem respondeu: Disse que eu nunca viajasse com um medroso.

☐ Para fugir do urso, um dos homens subiu em uma árvore.

- Com base na sequência da fábula, responda: A história se passa durante um breve ou longo intervalo de tempo?

  _____

d) Qual é o momento de maior tensão da narrativa?

_____

e) Quais são as atitudes que os viajantes tomam nesse momento para fugir do perigo?

_____

_____

> Uma narrativa pode ser contada em primeira ou terceira pessoa. Quando o narrador participa da história, recebe o nome de **narrador-personagem**. Quando não faz parte dela, é chamado de **narrador-observador**.

f) A narração da fábula está em primeira ou terceira pessoa? Justifique sua resposta com algum trecho do texto.

_____

_____

_____

g) Agora, observe este trecho.

> Quando a fera desapareceu, o homem da árvore desceu apressadamente e disse ao companheiro:
> Vi o urso a dizer alguma coisa no teu ouvido. Que foi que ele disse?
> Disse que eu nunca viajasse com um medroso.

- Sublinhe os trechos que são falas de personagens. Depois, escreva a qual personagem se refere cada fala.

_____

_____

_____

_____

> Algumas expressões formadas por duas ou mais palavras podem exercer a função de advérbio. Essas expressões recebem o nome de **locuções adverbiais**. Por exemplo: **de repente** (locução adverbial de modo), **com certeza** (locução adverbial de afirmação), **de jeito nenhum** (locução adverbial de negação), entre outras.

5. Releia os trechos a seguir e faça o que se pede.

a)
> Dois homens viajavam juntos quando, **de repente**, surgiu um urso de dentro da floresta e parou diante deles, urrando.

- A expressão destacada pode ser substituída por qual palavra? Assinale a resposta correta.

  ☐ rapidamente   ☐ silenciosamente   ☐ repentinamente

- Complete a frase abaixo.

A expressão **de repente** demonstra o _____ como o urso surgiu diante dos viajantes, ou seja, de forma repentina, inesperada.

b)
> O urso aproximou-se, cheirou o homem deitado, e voltou **de novo** para a floresta.

- Substitua a expressão em destaque por uma palavra com o mesmo sentido.

_____

- Complete a frase a seguir.

A palavra _____ e a expressão **de novo** são, respectivamente, advérbio e locução adverbial de _____.

c)
> O outro, vendo que não tinha tempo para esconder-se, deitou-se no chão, esticado, fingindo de morto, porque ouvira dizer que os ursos não tocam em homens mortos.
>
> Quando a fera desapareceu, o homem da árvore desceu apressadamente e disse ao companheiro:

- Sublinhe os advérbios com um traço e as palavras que eles estão modificando com dois traços.
- O que indicam os advérbios que você sublinhou?

_____

_____

ORTOGRAFIA

Sufixo -mente

> **Sufixo** é um pequeno conjunto de letras que colocamos ao final de uma palavra com a intenção de alterar o seu significado.
>
> O sufixo **-mente** é usado para formar, em geral, advérbios de modo e tempo com base em adjetivos.
>
> Exemplo: **triste** + **-mente** = **tristemente**.

1. Transforme os adjetivos em advérbios de modo. Faça as alterações necessárias.

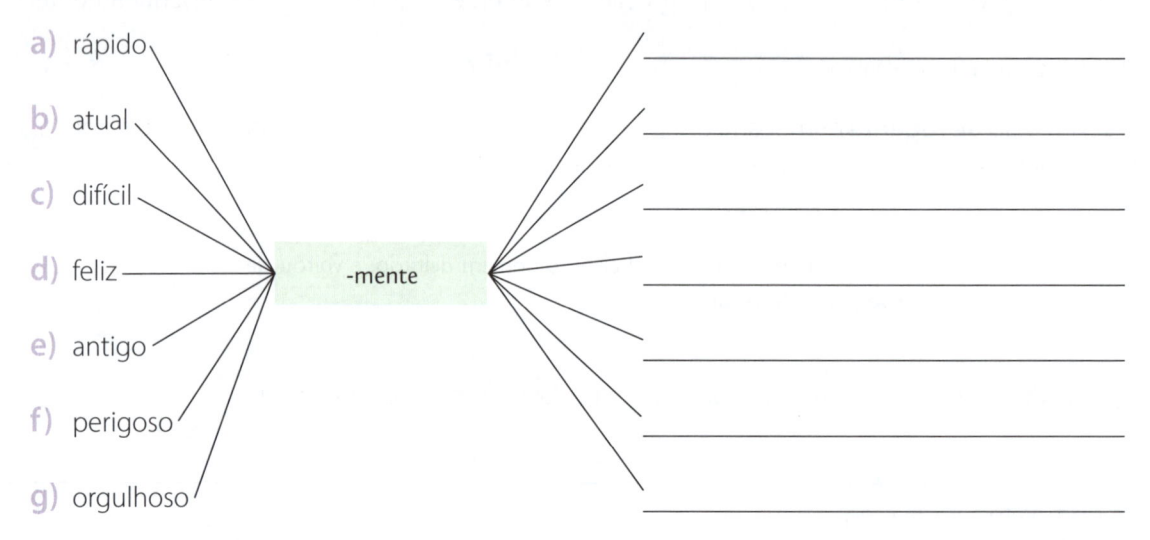

a) rápido

b) atual

c) difícil

d) feliz   -mente

e) antigo

f) perigoso

g) orgulhoso

2. Reescreva as frases substituindo as palavras destacadas por um advérbio de modo ou tempo.

a) Ele veio **de forma calma**.

_____

b) Fazemos provas **a cada trimestre**.

_____

c) Gerson fez o desenho **com perfeição**.

_____

d) Os alunos ouviram **com atenção**.

_____

e) O festival acontece **todos os anos**.

_____

3. Preencha o diagrama com adjetivos que originaram os advérbios de modo indicados no quadro. Observe o modelo.

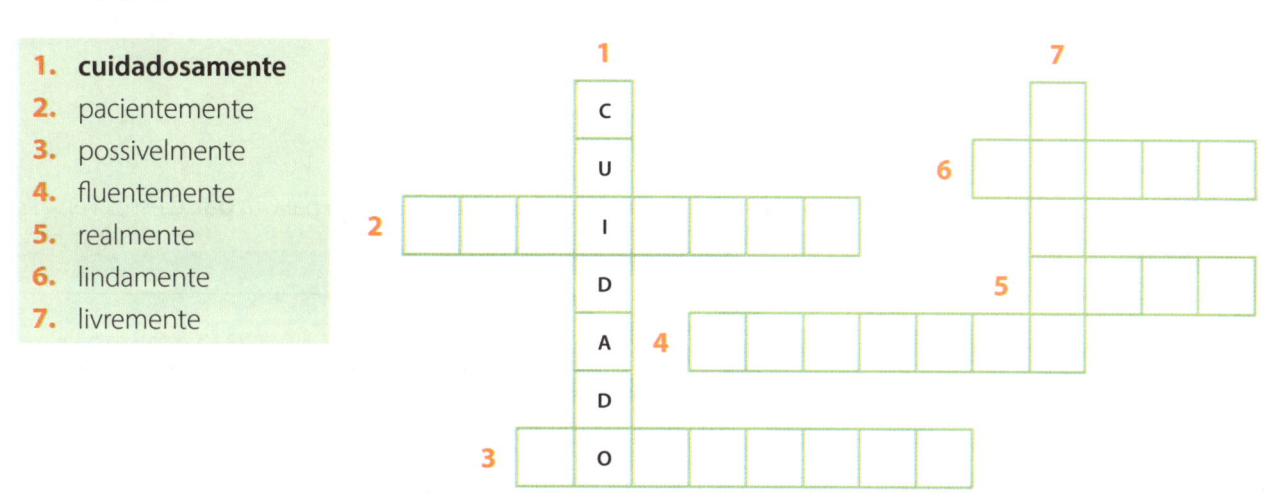

1. **cuidadosamente**
2. pacientemente
3. possivelmente
4. fluentemente
5. realmente
6. lindamente
7. livremente

4. Leia o poema a seguir.

Acrósticos para a paz

Princípio
Amoroso
Zeloso.

Pode
Até
Zoar.

Pensar
Amorosamente
Zen.

Pode
Até
Zombar.

Pode
Abraçar-me
Zilhões de vezes.

Prefiro
Acolher,
Zelar.

César Obeid e Jonas Ribeiro. *Poesias para a paz*. São Paulo: Editora do Brasil, 2016.

> **Acróstico** é um tipo de poema em que as primeiras letras de cada verso formam uma palavra. Essas letras também podem estar no meio ou no fim de cada verso.

a) Qual é o assunto do poema?

_____

b) Qual palavra é formada pelas iniciais dos versos em cada estrofe?

_____

c) Releia estes versos.

> Pensar
> Amorosamente
> Zen.

- Pesquise o significado da palavra **zen** e responda: Qual é a relação entre a palavra **paz** e esses versos?

_____

_____

d) Observe o verso em destaque.

> Pode
> Abraçar-me
> Zilhões de vezes.

- O que significa a expressão **zilhões de vezes** no contexto do poema?

_____

_____

_____

5. A palavra **amorosamente** é um advérbio de modo derivado de qual adjetivo?

_____

- Ligue os advérbios de modo aos adjetivos correspondentes.

Honestamente		Teimoso
Dignamente		Frio
Teimosamente		Digno
Friamente		Corajoso
Corajosamente		Honesto

CAPÍTULO 29

GRAMÁTICA

Preposição

Leia o texto e observe as palavras destacadas.

Vaga-lumes

No meu quintal
tem luzinhas amarelas,
voando **na** noite
que cai **nas** janelas.

Estrelinhas piscando
e brilhando assim,
exibem um céu
pertinho **de** mim.

Eu conto uma, duas...
mal conto **até** três,
e logo três piscam
ou somem **de** vez.

Tento pegar uma
com a minha mão,
mas eu só agarro
uma decepção.

A noite vem cedo
e **com** seu negrume
reveste **de** estrela
todo vaga-lume.

Rosa Clement. Vaga-lumes. *In*: Rayane Matias. *Português*: interpretação de texto. [Natal]: Hipócrates, 2020. p. [2]. Disponível em: http://hipocrates.com.br/quarentena/infantil/3am/novos/3am_portugues_rayane_230320.pdf. Acesso em: 28 jun. 2022.

As palavras **na**, **nas**, **de**, **até**, **de** e **com** são preposições.

> **Preposição** é uma palavra invariável que liga duas palavras.

Veja na tabela abaixo alguns exemplos de preposições.

Preposições	Exemplos
a, **até**, **para** → direção	Viemos até São Paulo nas férias. Eu vou para a escola.
a, **para** → finalidade, indicar quem ou o que recebe algo	Viajei a trabalho. Comprei um presente para você.
a, **com** → instrumento	Escreva a caneta. Cortei os papéis com a tesoura.
com → companhia	Lia foi acampar com a família.
contra → oposição	O time azul jogou contra o vermelho.

em, **por** → lugar	Moro em Goiânia. Alguém passou por aqui.
de, **da**, **do** → origem, posse	O café é natural da África. Os livros são de Pedro.
de → matéria	Esse vestido é de renda.
sem → ausência, falta	A salada está sem sal. Fui à festa sem meus amigos.
sobre → assunto	A notícia é sobre o novo museu da cidade.
atrás, **entre**, **sob**, **sobre** → localização	O cobertor está sobre a cama. A tomada está atrás da mesa.

ATIVIDADES

1. Escolha no quadro as preposições que completam corretamente as frases e preencha as lacunas.

> até   com   a   em   de   contra

a) Fiz a lição de casa _____ lápis.

b) O time jogou _____ o principal adversário.

c) O colar de Angélica é _____ prata.

d) Marcelo foi a pé _____ a academia.

e) Fui ao mercado _____ meu pai.

f) Todos foram para a excursão _____ uma *van*.

2. Observe as imagens e escreva a preposição adequada para completar cada frase.

a) A bola está _____ as caixas.

ATENÇÃO

A preposição **sobre** indica que algo está posicionado acima de outra coisa. Já **sob** aponta que algo está posicionado abaixo.

b) A bola está _____ a caixa.

c) A bola está _____ a caixa.

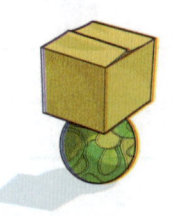

3. Complete as frases com as preposições **sem**, **a**, **de**, **com**, **em** ou **para**.

a) Ele foi _____ o sítio dos avós no fim de semana.

b) Construímos um vulcão _____ argila na aula _____ Geografia.

c) A equipe viajará _____ São Paulo no mês que vem.

d) O céu está _____ nuvens e o dia está lindo!

e) Érica marcou de encontrar as amigas _____ sua casa.

f) Posso ir _____ você ao *shopping* hoje?

4. Observe as imagens abaixo e crie frases empregando as preposições indicadas.

a) contra

b) com

c) para

5. Leia a notícia.

VOLUNTÁRIOS RECOLHEM MAIS DE 180 KG DE LIXO DE PRAIAS DO LITORAL NORTE

Grupo percorreu praias de Caraguatatuba, São Sebastião e Ilhabela recolhendo lixo da areia

Voluntários recolheram mais de 180 kg de lixo nas praias do Litoral Norte neste sábado (19).

De acordo com a Marinha do Brasil, a ação envolveu praias nas cidades de Caraguatatuba, São Sebastião e Ilhabela com 78 voluntários, entre eles 30 militares.

Foram recolhidos 188 kg de lixo nas areias. Durante a limpeza, o grupo também fez ações de conscientização, orientando banhistas.

Voluntários recolhem lixo de praias no Litoral Norte.

Voluntários recolhem mais de 180 kg de lixo de praias do Litoral Norte. *G1*, Vale do Paraíba, 19 set. 2020. Disponível em: https://g1.globo.com/sp/vale-do-paraiba-regiao/noticia/2020/09/19/voluntarios-recolhem-mais-de-180-kg-de-lixo-de-praias-do-litoral-norte.ghtml. Acesso em: 18 maio 2022.

a) Onde a notícia foi publicada? É uma fonte impressa ou *on-line*?

b) Qual é o fato informado na notícia?

c) Quem participou do fato?

d) Quando o fato ocorreu?

e) Onde o fato ocorreu?

f) Circule três preposições diferentes entre si na notícia.

ORTOGRAFIA

Onomatopeias

> **Onomatopeias** são palavras que usamos para imitar algum som.

1. Leia a tirinha.

Mauricio de Sousa. *Turma da Mônica*. Tira Turma da Mônica nº 3022. Banco de Imagens MSE ©Mauricio de Sousa Editora Ltda.

a) Copie as onomatopeias da tirinha e, depois, descreva o som que cada uma está imitando.

_____

b) Observe o primeiro quadrinho. Que efeitos gráficos reforçam o som da onomatopeia **ding dong**?

_____

c) Agora, observe o terceiro quadrinho. Que efeitos gráficos reforçam o som da onomatopeia **plam**?

_____

d) O que torna essa tirinha engraçada?

_____

199

2. Ligue as imagens às onomatopeias que melhor as representam.

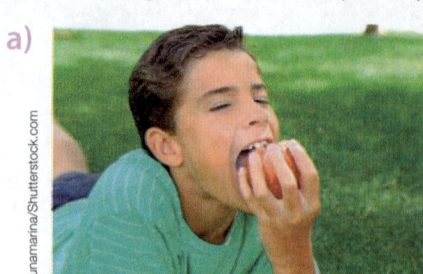

a)

b)

c)

d)

e)

f)

Snif! Snif!

BRRRRRR!

GRRR!

CHOMP! CHOMP!

Tchibum!

ZZZZZZZ

3. Agora, leia a tirinha.

Mauricio de Sousa. *Cebolinha*, nº 59, novembro 1991, Editora Globo.

a) Quais são as onomatopeias da tirinha e que sons estão imitando?

_____
_____

b) Observe o primeiro quadrinho. Que efeitos gráficos reforçam o som da onomatopeia **bum**?

_____
_____
_____

c) Observe novamente a onomatopeia destacada no terceiro quadrinho.

- Que efeitos gráficos reforçam o som da onomatopeia **buááá**?

_____

- O choro de Cebolinha parece ser alto ou baixo no último quadrinho?

_____

d) O que representa o humor da tirinha?

_____
_____
_____

CAPÍTULO 30

GRAMÁTICA

Conjunção

Leia o trecho do poema a seguir e observe as palavras destacadas.

> Só acho que amar o mar é preciso:
> o mar tem tantos **e** grandes segredos...
> Pra alguns pode até causar muitos medos,
> **mas** pra mim traz à lembrança o sorriso.
> [...]

Silvana Pinheiro Taets. Soneto ao mar. *In*: Silvana Pinheiro Taets. *Amar o mar*. São Paulo: DCL, 2004. p. 6.

As palavras destacadas no texto, **e** e **mas**, são conjunções.

> **Conjunção** é a palavra que une orações ou termos semelhantes de uma mesma oração.

Veja exemplos de conjunções no quadro abaixo.

Conjunções	Exemplos
e, nem → adição	Karen buscou a filha e elas foram ao parque. Não trabalhei sexta nem sábado.
mas, porém → oposição	Convidei Felipe para vir hoje, mas ele já tinha compromisso.
porque → causa	Trouxe o guarda-chuva porque vai chover.
quando, enquanto → tempo	Quando faço a lição de casa, revejo o que aprendi.
se → possibilidade	Se for sair, apague a luz!
ou → alternância	Você beberá água ou suco?

ATIVIDADES

1. Sublinhe as conjunções das frases a seguir.

   a) Kauê e Maurício são amigos de infância.

   b) Meu irmão já sabe andar, mas ainda não fala.

   c) Saímos às pressas porque estávamos atrasados.

   d) Juliana não foi ao treino hoje nem semana passada.

   e) Se você passar no mercado, compre leite.

2. Consulte o quadro para completar cada frase com a conjunção mais adequada.

quando	se	porque	e	enquanto	mas

   a) Daniela estudou bastante, _____ não foi bem na prova.

   b) Não vou poder sair _____ estou doente.

   c) _____ aguardo você, ficarei ouvindo música.

   d) Andressa _____ Camila adotaram um gato na feira de adoção.

   e) Ela chegou _____ o sinal tocou.

   f) Marcos iria ao cinema _____ tivesse saído a tempo do trabalho.

3. Complete as frases com uma das conjunções entre parênteses.

   > Vovô é idoso. Tem duas ilhas de cabelos brancos na cabeça _____ (porque/e/se) nenhum fio no meio delas.
   >
   > Vovô pode ser ruim de *video game* _____ (enquanto/ou/mas) gosta de computador, principalmente _____ (quando/porém/nem) eu estou perto para ensinar as coisas.

   Cassiana Pizaia, Rima Awada e Rosi Vilas Boas. *Máquinas do tempo*.
   São Paulo: Editora do Brasil, 2016. p. 5 e 8.

4. Forme frases com as conjunções abaixo.

   a) porém

   _____

   _____

   b) nem

   _____

   _____

ORTOGRAFIA

Abreviaturas

> **Abreviaturas** são letras que usamos para representar uma palavra inteira. Podem ser compostas de uma letra só ou de mais de uma letra, seguidas, geralmente, de ponto final.

1. Reescreva as frases substituindo as palavras destacadas pelas abreviaturas do quadro.

| n. | tel. | Pr. | apto. | Sr. | p. | Prof. | R. |

a) Estou na **Praça** Central, perto da **Rua** 9.
_____

b) O **número** do meu **apartamento** é 89.
_____

c) O **senhor** poderia me passar o número do seu **telefone**?
_____

d) **Professor**, é para fazer os exercícios da **página** 20?
_____

2. Reescreva as frases substituindo a abreviatura pela palavra que ela representa.

a) Ela faz aniversário no mês de **fev**.
_____

b) A casa de Ives fica na **R.** 15 de **Nov**.
_____

c) Você poderia me passar o número do **cel.** da veterinária do seu cachorro?
_____

d) A aula de hoje foi no **lab.** de **Ciênc**.
_____

e) Estamos vivendo no **séc.** XXI.
_____

3. Ligue as abreviaturas ao que elas representam.

a) kg   Doutor

b) av.   quilograma

c) Dr.   avenida

4. Muitas vezes, as mensagens trocadas em celulares e internet são cheias de abreviaturas. Reescreva o texto das mensagens abaixo, substituindo as palavras abreviadas pelo que elas representam.

> Oi, td bem?
>
> Sim! Cmg tá td bem. E com vc?
>
> Cmg tb! Vc vai ao show?
>
> Sim! Pq? Vc tb vai?
>
> Sim! Vou! Então a gnt se encontra lá!
>
> Combinado! Bj.
>
> Bjs!

_____
_____
_____
_____
_____
_____
_____
_____

5. Leia, a seguir, um trecho do Estatuto da Criança e do Adolescente (ECA).

PRESIDÊNCIA DA REPÚBLICA

Casa Civil
Subchefia para Assuntos Jurídicos
LEI Nº 8.069, DE 13 DE JULHO DE 1990.

[...]
Título I
Das disposições preliminares
Art. 2º Considera-se criança, para os efeitos desta Lei, a pessoa até doze anos de idade incompletos, e adolescente aquela entre doze e dezoito anos de idade.
[...]

Art. 4º É dever da família, da comunidade, da sociedade em geral e do poder público assegurar, com absoluta prioridade, a efetivação dos direitos referentes à vida, à saúde, à alimentação, à educação, ao esporte, ao lazer, à profissionalização, à cultura, à dignidade, ao respeito, à liberdade e à convivência familiar e comunitária.
[...]

Brasil. *Lei nº 8.069, de 13 de julho de 1990*. Dispõe sobre Estatuto da Criança e do Adolescente e dá outras providências. Brasília, DF: Presidência da República, 1990. Disponível em: www.planalto.gov.br/ccivil_03/leis/l8069.htm. Acesso em: 18 maio 2022.

> O ECA está organizado por **títulos**, **capítulos** e **seções**, numerados por algarismos romanos. Por exemplo: Título I, Capítulo II, Seção I.
> Dentro dessas subdivisões estão os **artigos**, cuja expressão (artigo) aparece escrita de forma abreviada (**Art.**) seguida pelo número correspondente.

a) Observe o título do texto e responda: O ECA foi instituído por qual órgão?

_____

b) Com base na resposta ao item anterior, podemos afirmar que a Lei nº 8.069 deve ser obedecida em:

☐ algumas cidades brasileiras.

☐ alguns estados brasileiros.

☐ em todo o Brasil.

c) Releia o artigo 2º do ECA e responda: Quais pessoas estão protegidas pelo Estatuto da Criança e do Adolescente? Qual é a idade dessas pessoas?

_____

> Do **primeiro ao nono artigo**, utiliza-se numeração **ordinal**. Por exemplo: Art. 1º, Art. 2º, Art. 9º.
>
> Ao nos referirmos a eles, devemos dizer: "De acordo com o artigo segundo do ECA, ..." / "Esse direito está descrito no artigo nono da Constituição..." etc.
>
> **A partir do décimo artigo**, utiliza-se numeração **cardinal**. Por exemplo: Art. 11, Art. 22, Art. 31.
>
> Ao mencioná-los, devemos dizer: "Conforme o artigo 22 da Constituição", "O artigo 12 do ECA prevê...".

d) Complete as frases a seguir, com o número por extenso, de acordo com a padronização dos números dos artigos de lei.

- De acordo com o artigo _____ (9) do ECA, todas as mães têm direito a amamentar seus filhos.

- O artigo _____ (15) do ECA garante que a criança e o adolescente têm direito à liberdade, ao respeito e à dignidade como pessoas humanas em processo de desenvolvimento.

- Conforme o artigo _____ (18) do ECA, toda criança tem direito de ser educada sem castigos físicos.

- O artigo _____ (19) do ECA garante o direito da criança e do adolescente de serem criados e educados em um ambiente saudável, que assegure um desenvolvimento integral.

e) Agora, releia o **artigo quarto** do ECA e reflita com os colegas e o professor: As crianças e os adolescentes que você conhece têm assegurados todos esses direitos? O que poderia ser feito para que esses direitos fossem garantidos? Escreva abaixo algumas das sugestões discutidas.

_____

_____

_____

_____

_____

_____

_____

_____

6. Leia o trecho da curiosidade abaixo.

QUAL É O PÁSSARO MAIS VELOZ DO MUNDO?

O falcão-peregrino (*Falco peregrinus*), ave de rapina que, em média, voa a 160 km/h, é capaz de mergulhar a mais de 320 km/h quando está atrás de uma presa! O bicho, encontrado em praticamente todo o mundo, é tão rápido que deixaria para trás um jato na decolagem! [...]

Exímio caçador, o falcão-peregrino usa uma estratégia engenhosa para capturar suas presas: pegar correntes de ar quente para atingir grandes alturas. Em alguns casos, ele sobe 1,5 mil metros em relação ao nível do solo.

Lá de cima, fica fácil para ele localizar suas vítimas, que podem ser outras aves – como pombos, patos e faisões – ou roedores. Avistado o alvo, ele dá um mergulho quase perpendicular ao solo, às vezes em queda livre.

No mergulho, ele cola as asas ao corpo e controla a direção do voo abrindo-as ligeiramente. Com movimentos curtos das asas, consegue acelerar ainda mais, superando os 320 km/h.

Finalmente, ele agarra a presa com as garras ou simplesmente a abate com uma pancada com as patas. Atordoada, a vítima cai em movimentos circulares enquanto o falcão-peregrino dá meia-volta para apanhá-la na queda.

Yuri Vasconcelos. Qual é o pássaro mais veloz do mundo? *Superinteressante*, São Paulo, 4 jul. 2018.

a) O título do texto é uma pergunta. Assinale a alternativa que indica para que serve esse tipo de título.

☐ Emocionar o leitor.

☐ Provocar a curiosidade do leitor.

☐ Manter a dúvida do leitor.

• Agora, grife no trecho a resposta a essa pergunta.

b) Circule as abreviaturas do texto.

c) Escreva por extenso o que essas abreviaturas representam.

_____

CAPÍTULO 31

GRAMÁTICA

Interjeição

Leia o poema.

Interjeição

Qual a palavrinha
que salta, que exclama,
que se agita e grita,
que chora e que chama?
Você acha lindo?
Você sente tanto?
Você quer chamar-me?
Você está chorando?
Qualquer sentimento
se torna mais claro
e mais definido
assim como eu digo.
Comigo! Comigo!
Com a interjeição!
Escreva-me, então:
Ah, que pena!
Oba, que bom!
Psiu, fique quieto!
Oh, meu amor!
Xô, passarinho!
Chi, que horror!
Ui, **ui**, que susto!
Ai, **ai**, que dor!
Ei, venha cá!
Olá, já vou!

Ruth Salles. *Interjeição*. São Paulo: Instituto Ruth Salles, 2017.
Disponível em: https://institutoruthsalles.com.br/interjeicao/. Acesso em: 28 jun. 2022.

As palavras destacadas **Ah**, **Oba**, **Psiu**, **Oh**, **Xô**, **Chi**, **Ui**, **ui**, **Ai**, **ai**, **Ei** e **Olá** são interjeições.

> **Interjeição** é a palavra usada para exprimir emoções, sentimentos e sensações.

Veja exemplos de interjeições no quadro abaixo.

De aborrecimento	Arre!
De admiração	Ah!, Eh!, Oh!, Uh!
De alegria	Ah!, Eh!, Oh!, Uh!, Oba!
De apelo	Psit!, Olá!, Alô!, Socorro!
De aplauso	Bravo!, Muito Bem!, Aprovado!, Bis!, Mais Um!
De desejo	Tomara!, Oxalá!
De dor	Ai!, Ui!
De espanto	Chi!, Ih!, Ué!, Uai!, Puxa!
De silêncio	Psiu!, Silêncio!

ATIVIDADES

1. Circule as interjeições.

    a) Puxa! Que filme assustador!

    b) Ah! Como eles eram felizes.

    c) Bravo! Você acertou tudo.

    d) Psiu! Todos ainda estão dormindo.

    e) Uh! Quase acertei!

2. Complete os balões de fala com a interjeição que você considera mais adequada.

    a) _____ Que delícia de sobremesa!

    b) _____ Isso doeu!

    c) _____ Ele não pode acordar agora!

    d) _____ Ganhamos mais um jogo!

3. Escolha duas interjeições da atividade anterior e escreva frases novas.

    _____

    _____

4. Circule as interjeições e classifique-as.

a) Oba! Vou passar as férias viajando! _____

b) Tomara que amanhã faça sol! _____

c) Bravo! Continue estudando assim. _____

d) Ai! Que dor horrível! _____

5. Leia a tirinha e complete as afirmações, assinalando a alternativa correta.

Maurício de Sousa. *Turma da Mônica*. Reprodução de tirinha da Turma da Mônica nº 6421.
Banco de imagens MSE ©Mauricio de Sousa Editora Ltda.

a) A interjeição aparece no:

☐ primeiro quadrinho. ☐ segundo quadrinho. ☐ terceiro quadrinho.

b) O sentimento relacionado à interjeição que aparece na tirinha é:

☐ medo. ☐ pressa. ☐ surpresa.

c) **CRÁS** e **PUF** são exemplos de:

☐ onomatopeias. ☐ interjeições. ☐ conjunções.

6. Organize a sequência das cenas e escreva as interjeições que aparecem no quadro.

Ih!   Olá!   Ai!

7. Leia a fábula abaixo.

O lobo e o burro

Um burro estava comendo quando viu um lobo escondido espiando tudo que ele fazia. Percebendo que estava em perigo, o burro **imaginou um plano para salvar a sua pele**.

Fingiu que era aleijado e saiu mancando com a maior dificuldade. Quando o lobo apareceu, o burro todo choroso contou que tinha pisado num espinho pontudo.

– Ai, ai, ai! Por favor, tire o espinho de minha pata! Se você não tirar, ele vai espetar sua garganta quando você me engolir.

O lobo não queria se engasgar na hora de comer seu almoço, por isso quando o burro levantou a pata ele começou a procurar o espinho com todo cuidado. Nesse momento o burro deu o maior coice de sua vida e acabou com a alegria do lobo.

Enquanto o lobo se levantava todo dolorido, o burro galopava satisfeito para longe dali.

Cuidado com os favores inesperados.

Brasil. Ministério da Educação. *Alfabetização*: livro do aluno – Contos tradicionais, fábulas, lendas e mitos. Brasília, DF: MEC, 2000. v. 2. p. 98. Disponível em: http://www.dominiopublico.gov.br/download/texto/me001614.pdf. Acesso em: 19 maio 2022.

a) Quem são os personagens dessa fábula?

_____

b) Leia o trecho em destaque no primeiro parágrafo do texto. Com base nele, o burro imaginou um plano para:

☐ tirar o espinho de sua pata.

☐ salvar a própria vida, pois, na realidade, não tinha nenhum espinho em sua pata.

☐ pedir ajuda ao lobo para que eles virassem amigos.

8. Observe o trecho seguinte:

> – Ai, ai, ai! Por favor, tire o espinho de minha pata! Se você não tirar, ele vai espetar sua garganta quando você me engolir.

a) Sublinhe a interjeição.

b) Que sensação transmite a expressão que você sublinhou? Assinale a alternativa correta.

☐ espanto ☐ raiva ☐ dor

ORTOGRAFIA

Palavras homógrafas

> Palavras **homógrafas** são aquelas que escrevemos da mesma maneira, mas que possuem significados diferentes. A pronúncia dessas palavras também pode variar. Exemplo:
> - A cidade será a **sede** dos jogos.
> - Essa caminhada me deixou com **sede**.

1. Leia as frases e ligue cada uma delas à imagem que melhor a representa.

a) Vamos escolher um corte.

b) Venha visitar a corte.

c) Eu prefiro comer com colher.

d) Vamos colher as laranjas?

2. Leia, a seguir, dois trechos sobre o Parque Indígena do Xingu.

A VIDA NO PARQUE INDÍGENA DO XINGU

[...]
O Parque Indígena do Xingu foi a primeira área demarcada no país. Com cerca de 27 mil quilômetros quadrados, atualmente é casa de 16 etnias: aweti, ikpeng, kaiabi, kalapalo, kamaiurá, kĩsêdjê, kuikuro, matipu, mehinako, nahukuá, naruvotu, wauja, tapayuna, trumai, yudja, yawalapiti. O rio Xingu, onde os indígenas pescam, tomam banho e lavam roupas, é a principal via de ligação entre as aldeias.
[...]

Nádia Pontes. *A vida no Parque Indígena do Xingu*. [Bonn]: DW, 9 ago. 2019. Disponível em: https://www.dw.com/pt-br/a-vida-no-parque-ind%C3%ADgena-do-xingu/g-48984657. Acesso em: 19 maio 2022.

KALAPALO

A vida social nas aldeias kalapalo – um dos quatro grupos de língua Karib que habita a região do Alto Xingu, englobada pelo Parque Indígena do Xingu – varia de acordo com as estações do ano. Na estação seca, que se estende de maio a setembro, a comida é abundante e é tempo de realizar rituais públicos, que costumam contar com muita música e a participação de membros de outras aldeias. Na estação chuvosa, a comida torna-se escassa e **a aldeia fecha-se nas relações entre as casas e os parentes**. [...]

Ellen Basso. Povo kalapalo. *Povos Indígenas no Brasil*, [São Paulo], jun. 2002. Disponível em: https://pib.socioambiental.org/pt/Povo:Kalapalo. Acesso em: 19 maio 2022.

a) Volte ao primeiro texto e observe a palavra destacada.

• Qual é o significado da palavra **casa** nesse contexto?

_____

_____

b) E o que significa o trecho destacado no segundo texto? Assinale a resposta correta.

☐ Na estação chuvosa, os indígenas kalapalo fecham-se em suas casas e não se relacionam entre si.

☐ Na estação chuvosa, os kalapalo passam a se relacionar somente com os parentes.

☐ Na estação chuvosa, os kalapalo e seus familiares passam a morar em uma só casa.

3. Observe estas frases e as palavras destacadas.

1. **Acordo** cedo aos sábados para ir às aulas de judô.

2. Queimei a **língua** ao tomar o café que estava muito quente.

3. Fui de metrô, mas me enganei e desci na **estação** errada.

a) Numere o significado de cada palavra destacada.

☐ ponto de parada ☐ órgão da boca ☐ despertar

b) Agora, encontre no texto "Kalapalo" expressões homógrafas das palavras destacadas nas frases. Copie-as.

_____

_____

• Qual é o significado das expressões que você copiou?

_____

4. Reúna-se com três colegas para escrever um verbete de enciclopédia infantil sobre uma etnia indígena. Esse verbete será publicado no *site* da escola e será lido por todos os alunos.

a) O professor vai sortear entre os grupos as seguintes etnias:

bororo   nhambiquara   pataxó   guarani-kaiowa   munduruku

Escreva na linha abaixo a que foi sorteada para o seu grupo.

_____

b) Com a ajuda do professor, pesquisem sobre a etnia sorteada para seu grupo na biblioteca da escola ou na internet.

c) Pesquisem as seguintes informações:
- localização original (região habitada antes do contato com o homem branco);
- situação atual do território (se é reserva indígena ou não);
- população (número de habitantes);
- língua (no passado e atualmente);
- tipo de habitação e alimentação;
- atividades econômicas (caça, pesca, agricultura, artesanato etc.);
- curiosidades (aspectos culturais, religiosos etc.).

d) Escolham imagens que representem a etnia e escrevam legendas explicativas para elas.

e) Após coletar as informações, redijam a primeira versão do verbete:
- coloquem no título do verbete o nome da etnia pesquisada;
- usem linguagem adequada aos leitores do verbete.

f) Releiam a primeira versão e revisem: ortografia, acentuação, pontuação, título e clareza na linguagem.

g) Façam as correções necessárias e, com a ajuda do professor, digitem o texto e publiquem no *site* da escola.

RECORDANDO O QUE VOCÊ APRENDEU

1. Leia a fábula a seguir.

A formiga e a pomba

1 Uma formiga sedenta chegou à margem do rio, para beber água. Para alcançar a água, precisou descer por uma folha de grama. Ao fazer isso, escorregou e caiu dentro da correnteza.

2 Pousada numa árvore próxima, uma pomba viu a formiga em perigo. Rapidamente, arrancou uma folha de árvore e jogou dentro do rio, perto da formiga, que pôde subir nela e flutuar até a margem.

3 Logo que alcançou a terra, a formiga viu um caçador de pássaros, que se escondia atrás de uma árvore, com uma rede nas mãos. Vendo que a pomba corria perigo, correu até o caçador e mordeu-lhe o calcanhar. A dor fez o caçador largar a rede e a pomba fugiu para um ramo mais alto.

4 De lá, ela arrulhou para a formiga:

5 – Obrigada, querida amiga.

6 *Uma boa ação se paga com outra.*

Brasil. Ministério da Educação. *Alfabetização*: livro do aluno – Contos tradicionais, fábulas, lendas e mitos. Brasília, DF: MEC, 2000. v. 2. p. 104-105. Disponível em: http://www.dominiopublico.gov.br/download/texto/me001614.pdf. Acesso em: 19 maio 2022.

a) Preencha o quadro com exemplos retirados da fábula, de acordo com a classe gramatical solicitada.

Parágrafo 1	4 substantivos	
	1 adjetivo	
Parágrafo 2	4 verbos	
	2 advérbios	
Parágrafo 3	1 conjunção	
	4 preposições	
Parágrafo 4	1 pronome	
Parágrafo 5	1 adjetivo	
Parágrafo 6	1 artigo	

2. Leia este trecho de um livro de César Obeid.

As sementes de mostarda são ótimas para decorar pratos. Os vegetais que já são muito coloridos vão ganhar ainda mais brilho com essas encantadoras sementes. As mais escuras têm sabor mais **intenso** do que as mais claras.

César Obeid. *Abecedário de aromas*: cozinhando com tempero e poesia. São Paulo: Editora do Brasil, 2017. p. 35.

a) Assinale o sentido que corresponde ao da palavra destacada no texto.

☐ forte ☐ amargo ☐ azedo

b) A palavra **ótimas** é superlativo de qual adjetivo?

_____

c) Qual é o superlativo da palavra **claras**?

_____

d) Releia esta frase e observe as palavras destacadas.

As mais escuras têm sabor **mais** intenso **do que** as mais claras.

• O adjetivo foi utilizado em que grau? Assinale a resposta correta.

☐ Grau comparativo de inferioridade.

☐ Grau comparativo de igualdade.

☐ Grau comparativo de superioridade.

3. Leia um trecho desta lenda indígena.

O uapé

Pita e Moroti amavam-se muito; e, se ele era o mais esforçado dos guerreiros da tribo, ela era a mais gentil e formosa das donzelas. [...]

Uma tarde, na hora do pôr do sol, quando vários guerreiros e donzelas passeavam pelas margens do rio Paraná, Moroti disse:

– Querem ver o que este guerreiro é capaz de fazer por mim? Olhem só!

E, dizendo isso, tirou um de seus braceletes e atirou-o na água. Depois, voltando-se para Pita, que como bom guerreiro guarani era um excelente nadador, pediu-lhe que mergulhasse para buscar o bracelete. E assim foi.

Em vão esperaram que Pita retornasse à superfície. Moroti e seus acompanhantes, alarmados, puseram-se a gritar... Mas era inútil, o guerreiro não aparecia.

[...]
O pajé da tribo, Pegcoé, explicou o que ocorria. Disse ele, com a certeza de quem já tivesse visto tudo:

– Agora Pita é prisioneiro de I Cunhã Pajé. No fundo das águas, Pita foi preso pela própria feiticeira e conduzido ao seu palácio. Lá Pita esqueceu-se de toda a sua vida anterior, esqueceu-se de Moroti e aceitou o amor da feiticeira; por isso não volta. É preciso ir buscá-lo. [...]

– Eu vou! – exclamou Moroti – Eu vou buscar Pita! [...]

Moroti amarrou uma pedra aos seus pés e atirou-se ao rio.

Durante toda a noite, a tribo esperou que os jovens aparecessem – as mulheres chorando, os guerreiros cantando e os anciãos esconjurando o mal.

Com os primeiros raios da aurora, viram flutuar sobre as águas as folhas de uma planta desconhecida: era o uapé (vitória-régia). [...]

As pétalas do meio eram brancas e as de fora, vermelhas. Brancas como o nome da donzela desaparecida: Moroti. Vermelhas como o nome do guerreiro: Pita. A bela flor exalou um suspiro e submergiu nas águas.

Brasil. Ministério da Educação. *Alfabetização*: livro do aluno – Contos tradicionais, fábulas, lendas e mitos. Brasília, DF: MEC, 2000. v. 2. p. 123-124. Disponível em: http://www.dominiopublico.gov.br/download/texto/me001614.pdf. Acesso em: 19 maio 2022.

a) Copie da lenda.
- A(s) palavra(s) em que o **x** representa o som de **s**: _____
- A(s) palavra(s) em que o **x** representa o som de **z**: _____

b) Circule os personagens da lenda. Não é necessário circular o mesmo nome duas vezes.

c) Relacione as palavras retiradas da lenda à sua classificação morfológica:

tribo	substantivo coletivo
formosa	verbo na 3ª pessoa do singular, pretérito perfeito
Paraná	adjetivo, feminino, singular
amarrou	substantivo próprio, masculino, singular

4. Organize as palavras do quadro na tabela, de acordo com o som representado pela letra **x**.

exército   auxílio   táxi   exausto   máximo   extensão   exibir   complexo   tórax

X com som de S	X com som de Z	X com som de CS

5. Leia a notícia e complete as palavras com as letras indicadas entre parênteses. Se necessário, pesquise as palavras em um dicionário. **Dica:** Apenas uma das letras é a correta.

ULTRASSOM PORTÁTIL PERMITE DIAGNÓSTICOS PELA TELA DO CELULAR

Médico cria equipame____to (m/n) do tamanho de um barbeador elétrico para levar ____ecurso (r/rr) médico a um maior número de pacie____tes (n/m).

O Butterfly iQ é um dispo____itivo (s/ss) do tamanho de um barbeador elétrico que reúne recursos de inteligência artificial e realidade aume____tada (m/n) para realizar e ____ames (x/z) de ultrassonografia.

"O equipamento portátil de ultrassom ajuda a democrati____ar (s/z) a medicina e trazê-la para pacientes e profi____ionais (s/ss) de todo o mu____do" (m/n), afirma o responsável pelo projeto Dr. Jonathan Rothberg.

O pequeno ultrassom pode ser utili____ado (s/z) em treze procedimentos médicos e já está à venda nos EUA.

Esse dispositivo é co____plementado (n/m) por um sistema de telemedicina para interpretar e comentar imagens com um espe____ialista (s/ss/c) remoto e *on-line*.

Por enquanto, o sistema co____plementar (m/n) de acon____elhamento (s/ss/c) remoto está disponível para fins educacionais e de pesquisa.

O pequeno equipamento pode ajudar a tornar os ultrassons tão simples e onipresentes quanto os medidores de pre____ão (s/ss) arterial e os termômetros.

Ultrassom portátil permite diagnósticos pela tela do celular. *R7*, [*s. l.*], 11 fev. 2019. Disponível em: https://noticias.r7.com/tecnologia-e-ciencia/fotos/ultrassom-portatil-permite-diagnosticos-pela-tela-do-celular-11022019#!/foto/6. Acesso em: 23 jun. 2022.

a) Note que as palavras **ultrassom** e **ultrassonografia** não têm hífen. Preencha as palavras a seguir com os prefixos **ultra-**, **anti-**, **mini-**, **semi-** e **super-** utilizando hífen, se necessário. Depois, escreva a palavra completa ao lado.

Palavras com prefixo **ultra-**

_____passagem _____

_____avançado _____

Palavras com prefixo **anti-**

_____pático _____

_____higiênico _____

Palavras com prefixo **mini-**

_____biblioteca _____

_____hotel _____

Palavras com prefixo **semi-**

_____integral _____

_____abertura _____

Palavras com prefixo **super-**

_____herói _____

_____natural _____

6. Complete as frases com os numerais do quadro.

triplo   dobro   metade   terço

a) O _____ de 20 é 40.

b) A _____ de 60 é 30.

c) Um _____ de 90 é 30.

d) O _____ de 20 é 60.

7. Leia o trecho de uma lenda africana.

Oxóssi

Olofin era um rei africano da terra de Ifé, lugar de origem de todos os iorubás.

Cada ano, na época da colheita, Olofin **comemorava**, em seu reino, a Festa dos Inhames. Ninguém no país podia comer dos novos inhames antes da festa. Chegando o dia, o rei se instalava no pátio do seu palácio. Suas mulheres sentavam à sua direita, seus ministros atrás dele, agitando leques e espanta-moscas, e os tambores soavam para saudá-lo.

As pessoas reunidas **comiam** inhame pilado e **bebiam** vinho de palma. Elas **comemoravam** e **brincavam**. De repente, um enorme pássaro **voou** sobre a festa.

O pássaro voava à direita e voava à esquerda... Até que veio pousar no teto do palácio. A estranha ave fora enviada pelas feiticeiras, furiosas porque não haviam sido convidadas para a festa.

[...]

Brasil. Ministério da Educação. *Alfabetização*: livro do aluno – Contos tradicionais, fábulas, lendas e mitos. Brasília, DF: MEC, 2000. v. 2. p. 109. Disponível em: http://www.dominiopublico.gov.br/download/texto/me001614.pdf. Acesso em: 23 jun. 2022.

- Agora, observe os verbos destacados no texto. Eles indicam uma **ação** que pertence ao predicado da oração. Preencha na tabela **quem** (sujeito) praticou cada ação.

Sujeito	Predicado
_____	comemorava [...] a Festa dos Inhames.
_____	comiam inhame pilado.
_____	bebiam vinho de palma.
_____	comemoravam.
_____	brincavam.
_____	voou sobre a festa.

8. Leia este trecho de notícia.

EM UMA DAS PROVAS MAIS EMOCIONANTES DA HISTÓRIA, QUENIANO VENCE SÃO SILVESTRE NA ÚLTIMA PASSADA

1 A São Silvestre de 2019 teve uma das chegadas mais emocionantes da história. [...] O queniano Kibiwott Kandie iniciou uma arrancada nos metros finais e superou Jacob Kiplimo, de Uganda, que dominou a prova e controlava o ritmo quando foi surpreendido pelo forte final do concorrente no instante decisivo.

2 Em um dos desfechos mais improváveis, o queniano arrancou para a vitória já na reta de chegada, na Avenida Paulista. Os dois primeiros colocados despontaram desde o início da prova e se distanciaram dos demais adversários. Já no meio do trajeto para frente, o ugandense Kiplimo abriu vantagem e controlava o ritmo para uma chegada que parecia ser tranquila.

3 No entanto, ele foi surpreendido por uma arrancada fulminante do queniano Kandie. O corredor de número 71 apertou o passo e ultrapassou o concorrente no metro final. [...]

4 O primeiro brasileiro a cruzar a linha de chegada foi Daniel do Nascimento, em 11º lugar. Marilson Gomes dos Santos, em 2010, foi o último brasileiro a vencer a corrida. Em 95 edições, o Brasil soma 29 vitórias, contra 15 do Quênia.
[...]

Em uma das provas mais emocionantes da história, queniano vence São Silvestre na última passada. *Gazeta do Povo*, Curitiba, 31 dez. 2019. Disponível em: https://www.gazetadopovo.com.br/esportes/em-uma-das-provas-mais-emocionantes-da-historia-queniano-vence-sao-silvestre-na-ultima-passada/. Acesso em: 19 maio 2022.

a) Sublinhe no **parágrafo 2** um numeral cardinal, um ordinal e um fracionário. Utilize cores diferentes em cada um deles.

b) Escreva por extenso os numerais destacados no **parágrafo 4** e classifique-os (ordinal, cardinal, fracionário ou multiplicativo).

___

9. Leia o texto.

Você sabia?

Os ovos dos papagaios são arredondados e brancos. Os filhotes levam de 5 a 30 dias para saírem do ovo, nascem quase peladinhos e demoram para abrir os olhos. Por isso, precisam ficar no ninho bastante tempo, por volta de dois meses, recebendo cuidado e alimentação dos pais, que são extremamente cuidadosos.

Os pais levam o alimento no papo, de duas a quatro vezes por dia e regurgitam no bico dos seus filhotes (ou seja, o alimento coletado pelos pais é triturado e armazenado no papo para dar aos filhotes no ninho). Quando chegam ao ninho tomam muito cuidado para não serem vistos pelos humanos e outros animais, que costumam caçar os papagaios. Normalmente entram sem fazer qualquer barulho.

Papagaio-da-Amazônia.

Brasil. Ministério do Meio Ambiente. Sociedade de Zoológicos e Aquários do Brasil. *Papagaios do Brasil*. Brasília, DF: Ministério do Meio Ambiente, 2016. p. 18.

a) Por que os filhotes de papagaio precisam ficar no ninho por volta de dois meses?

___

b) Os pais dos papagaios são extremamente cuidadosos. Sublinhe no texto os trechos que comprovam essa afirmação.

c) Transcreva os advérbios do texto e classifique-os.

___

10. Leia a fábula a seguir.

O leão e o javali

Num dia muito quente, um leão e um javali chegaram juntos a um poço. Estavam com muita sede e começaram a discutir para ver quem beberia primeiro.

Nenhum cedia a vez ao outro. Já iam atracar-se para brigar, quando o leão olhou para cima e viu vários urubus voando.

– Olhe lá! – disse o leão. – Aqueles urubus estão com fome e esperam para ver qual de nós dois será derrotado.

– Então, é melhor fazermos as pazes – respondeu o javali. – Prefiro ser seu amigo a ser comida de urubus.

Diante de um perigo maior, é melhor esquecer as pequenas rivalidades.

Brasil. Ministério da Educação. *Alfabetização*: livro do aluno – Contos tradicionais, fábulas, lendas e mitos. Brasília, DF: MEC, 2000. v. 2. p. 104. Disponível em: http://www.dominiopublico.gov.br/download/texto/me001614.pdf. Acesso em: 23 jun. 2022.

a) Escreva a pessoa e o tempo dos verbos que aparecem na fábula.

- chegaram: _____
- estavam: _____
- beberia: _____
- iam: _____
- olhou: _____
- esperam: _____
- prefiro: _____

11. Leia estes trechos do livro *Máquinas do tempo* e copie o que se pede.

> Vovô levantou uma capa e mostrou a máquina preta e pesada que estava embaixo dela. Colocou sobre a mesa e começou a apertar os botões.
> [...]
> Uau! Por que esconderam aquela máquina incrível?

Cassiana Pizaia, Rima Awada e Rosi Vilas Boas. *Máquinas do tempo*. São Paulo: Editora do Brasil, 2016. p. 14 e 16.

a) Um substantivo e os adjetivos que o acompanham:

_____.

b) Uma interjeição: _____.

12. Complete os quadrinhos com as onomatopeias ou as interjeições do quadro a seguir.

Alô?   Nhac!   Buááá!   Bravo!   Cof-Cof!   Ai!

a)

b)

c)

d)

e)

f)